SOAK-Einführungen 22

Gabriele Raether

# Alexandra Kollontai zur Einführung

SOAK-Einführungen im
JUNIUS VERLAG

SOAK-Einführungen 22
Junius Verlag GmbH
Von-Hutten-Straße 18, 2000 Hamburg 50

Satz: Junius Verlag, Hamburg
Druck: SOAK GmbH, Hannover
Printed in Germany
1. Auflage Januar 1986

CIP-Kurztitelaufnahme der Deutschen Bibliothek
**Raether, Gabriele:**
Alexandra Kollontai zur Einführung / Gabriele Raether. –
1. Aufl. – Junius Verlag, 1986.
(SOAK-Einführungen ; 22)
**ISBN 3-88506-822-2**

NE: GT

# Inhalt

# Einleitung

„Wenn ich zurückblicke, habe ich immerzu Hürden genommen, war ich von Jugend auf ‘rebellisch’. Nie habe ich mich dadurch beirren lassen, was die ‘anderen’ davon hielten, was sie dazu sagten. Ich habe weder Verdruß noch Schwierigkeiten gefürchtet. Das zählte irgendwie gar nicht. Auch vor Gefahren bin ich nicht zurückgeschreckt. Stets hat es mich in die Zukunft gezogen. Weder in der Arbeit noch in der Liebe habe ich Ruhe gefunden. Alles ist mir zuwenig gewesen. Das möchte ich nun andere lehren. Ohne diese Ruhelosigkeit gibt es keinen Fortschritt”[1].

Alexandra Kollontais Hoffnung, zu denen zu gehören, die von späteren Generationen als „Objekte einer wichtigen historischen Periode”[2], als Vorbild und Beispiel wahrgenommen und studiert werden, hat sich bisher nicht recht erfüllt. Kollontai und ihr Werk sind, nach einer kurzlebigen Renaissance Anfang der siebziger Jahre, heute wieder fast ganz in Vergessenheit geraten.

Ihre einzigartige Stellung in der Geschichte der Revolutionen dieses Jahrhunderts – daß sie über die Beschäftigung mit dem Schicksal der Frauen zum Sozialismus gekommen ist und sowohl als Feministin wie als überzeugte Bolschewistin gewirkt hat – hat sie einerseits in den Schatten Clara Zetkins, andererseits in den Rosa Luxemburgs und Lenins gestellt. Die Unbedingtheit, mit der sie beide Fragen, die nach der Emanzipation der Frau und die nach der sozialen Revolution, verfolgt und in Zusammenhang gebracht hat, war für ihre Zeit singulär. Diese Radikalität mag der Grund gewesen sein, daß ihre 1926 unter dem Titel *Ziel und Wert meines Lebens* freilich zensiert erschienene Autobiographie 1970 in der Bundesrepublik, diesmal unverstümmelt, wiederaufgelegt wurde, wenn auch in der reißerischen Aufmachung als *Autobiographie einer sexuell emanzipierten Kommunistin*[3]. Wie Wilhelm Reich und Siegfried Bernfeld vermochte auch Kollontai im Umfeld der antiautoritären Protestbewegung für kurze Zeit Interesse auf sich zu ziehen; im Laufe der siebziger Jahre erschienen vier weitere Bände ihrer Schriften[4]. Aber auch sie konnten nur wenig dazu beitragen, die Kenntnisse über Kollontai und ihre politische Bedeutung zu vergrößern. Inzwischen, nach dem Niedergang der Protestbewegung und im Zeichen wachsenden Desinteresses an sozialistischer Theorie, dürfte es nur noch wenige geben, die mit ihrem Namen überhaupt etwas anzufangen wissen.

Von ihren Zeitgenossen/innen wurde Kollontai, die Revolutionärin und Feministin in mondäner Garderobe, häufig mißverstanden, nicht selten mit Absicht. Vielen galt sie als unbequem. Mancherlei Diffamierungen (die Auswirkungen auf das Geschichtsbild späterer Generationen hatten), die Tatsache, daß Kollontai ihre Kräfte in unzähligen Aktivitäten verzettelte – sie arbeitete als Agitatorin, Publizistin, Übersetzerin, Schriftstellerin, Parteifunktionärin und Diplomatin für die Bolschewiki –, schließlich das anstößig wirkende Arrangement mit Stalin und seinem Terrorregime haben dazu beigetragen, ihren Ruf zu verdunkeln. Wäre sie, wie Luxemburg, Märtyrerin der Revolution geworden, hätte sie wohl eher die Chance gehabt, ins „Pantheon der Geschichte" einzugehen. So aber bleibt sie ein Skandalon, mit dem ernsthaft sich zu befassen als überflüssig erscheint.

Die gesellschaftlichen Ziele, für die Kollontai zu ihrer Zeit gekämpft hat – die Aufhebung von Bevormundung und Unterdrückung der arbeitenden Massen im allgemeinen, der Frauen im besonderen –, sind in der heutigen Sowjetunion kaum noch Gegenstand von Diskussionen. Dort gaukelt eine Handvoll Führer, entgegen aller Evidenz, den Massen vor, sie *seien* frei und Subjekte ihres Schicksals. Kollontais Ideen und praktische Experimente hinsichtlich der Realisierung einer Gesellschaft von Freien und Gleichen bleiben aber, unabhängig von ihrem Scheitern in den Ländern des „real existierenden Sozialismus", für uns Hoffnung und Ansporn.

Alexandra Kollontais schriftliche Hinterlassenschaft besteht zum einen aus lebensnahen Dokumenten über die Jahre vor und nach der Oktoberrevolution; zum andern aus einer Fülle kühner, zuweilen utopischer Entwürfe einer neuen Gesellschaft und einer „neuen Frau", deren Aktualität auch heute nicht völlig verblaßt ist. Allein das rechtfertigt eine erneute und unvoreingenommene Beschäftigung mit Person und Wirken Kollontais. Auch die Tatsache, daß sie, wie sie selber wußte, nur eine höchst mittelmäßige Schriftstellerin war – die diesen Mangel allerdings durch inhaltliche Kühnheit und Leidenschaft zu kompensieren wußte –, sollte uns von der Lektüre ihrer Schriften nicht abhalten.

* * *

Ich danke meiner Mutter, die mir ein Vorbild gewesen ist. Hans-Martin Lohmann danke ich für die große Sorgfalt und Mühe, mit der er die Reinschrift des Typoskripts hergestellt hat.

# I. Historisch-biographischer Abriß

## Sozialismus und Frauenbewegung um die Jahrhundertwende (1872-1908)

Alexandra Kollontai, geboren 1872, zählte in ihrer Zeit zu denjenigen Frauen, die das Privileg, einer „besseren Familie" zu entstammen, konsequent zu kritischer Orientierung nutzten und ihre erworbenen Kenntnisse und Fähigkeiten in den lebenslangen Dienst des Kampfes um eine gerechtere Gesellschaftsordnung stellten.

Die Konfrontation mit dem Elend der Dienstboten im eigenen Elternhaus, der Einfluß einer politisch engagierten, von ihr sehr verehrten Hauslehrerin, die revolutionäre Stimmung im zaristischen Rußland des ausgehenden 19. Jahrhunderts mit Streiks, Attentaten und politischen Prozessen – all das ist an der jungen Alexandra Kollontai keineswegs spurlos vorbeigegangen. Förderlich für ihr wachsendes Interesse an der Arbeiterfrage war sicher auch der Besuch einer der größten Textilfabriken Rußlands im März 1896. In Begleitung ihres Ehemanns, der als Ingenieur vorübergehend in diese Fabrik beordert worden war, konnte Kollontai die katastrophalen Arbeits-, Wohn- und Hygienebedingungen der Industriearbeiterschaft aus nächster Nähe beobachten[1].

Als Frau eines politisch wie literarisch desinteressierten Mannes und Mutter eines Sohnes fühlte Kollontai sich intellektuell nicht ausgelastet; deshalb betätigte sie sich zunächst in der Volksbildungsbewegung. Nebenher betrieb sie, weitgehend autodidaktisch, das Studium diverser sozialistischer Theoretiker. Schließlich entschloß sie sich, ihre Familie zu verlassen und wie so viele ihrer politisch aufgeschlossenen Zeitgenossen in Zürich Ökonomie zu studieren. 1898 stieß sie in der Schweiz auf eine Gruppe russischer politischer Flüchtlinge, die sich um den theoretischen Begründer der Schule des russischen Marxismus, Georgi W. Plechanow, gebildet hatte.

Nach der Aufhebung der Leibeigenschaft im Jahre 1861 hatte sich in Rußland die Zahl der Studenten verdoppelt. Die durch das Ende der Leibeigenschaft in Gang gesetzte ökonomische und soziale Dynamik hatte die wirtschaftliche Situation vieler Familien des Kleinadels, niederer Militärkreise und des Kleinbeamtentums verändert und dafür gesorgt, daß neben den Söhnen zunehmend auch die Töchter aus diesen Familien sich nach einer Berufstätigkeit umsahen. Bereits 1859 hatte die Petersburger Universität den Frauen ihre Tore zum Studium der Pädagogik und der Rechtswissenschaft, nicht jedoch zu dem der Medizin geöffnet; Frauen, die sich zu Ärztinnen ausbilden lassen wollten, mußten also ins Ausland gehen. Im Sommersemester 1873 waren von den 110 weiblichen Studierenden an der Zürcher Universität 96 Russinnen, die meisten von ihnen angehende Medizinerinnen[2]. Zwischen 1872 und 1882 durften bzw. mußten diese Studentinnen zwecks besserer staatlicher Kontrolle wieder in Rußland studieren – während dieses Jahrzehnts wurden insgesamt 750 Ärztinnen ausgebildet.

Diese neue Studentenschaft, geprägt von den sozioökonomischen Veränderungen, die sich in Rußland im letzten

Drittel des 19. Jahrhunderts vollzogen, war in hohem Maße empfänglich für die umlaufenden sozialistischen Ideen. Ein Großteil der russischen Intelligenz schloß sich der revolutionär gesonnenen „Volksgängerbewegung" (Narodniki) an. Parolen wie „Ins Volk gehen" oder „Dem Volke dienen" stießen bei vielen Männern und Frauen dieser Generation auf Resonanz – man wollte dem einfachen Volk einen Weg weisen, auf dem es sich von Ausbeutung und staatlicher Gewalt befreien könne. Nicht selten erlernten die Angehörigen der revolutionären Intelligenz auch einen Handwerkerberuf, um sich auf diese Weise und mit Hilfe falscher Dokumente bei den Arbeitern und Bauern „eingliedern" zu können.

Mißtrauische Bauern und Dorfgendarmen sorgten jedoch dafür, daß die „Volksgänger" reihenweise verhaftet wurden. In den Jahren 1877 und 1878 kam es zu zwei öffentlichen Massenprozessen, bei denen 50 bzw. 193 Menschen auf der Anklagebank saßen, unter ihnen auffällig viele Frauen. Neben den Narodniki gab es freilich längst auch die Narodwolzen, eine revolutionäre Gruppe, die den Sturz des Zarismus mit den Mitteln terroristischer Anschläge betrieb. – Während die Agitation der russischen Bauernschaft aber eher auf deren Passivität stieß, waren die städtischen Arbeiter leichter dazu zu bewegen, politisch aktiv zu werden und sich gegen die zaristische Willkürherrschaft aufzulehnen.

Aus dem Heer der namenlosen Frauen, die sich damals politisch engagierten, ragten einige bekannte Köpfe heraus: Sofja Perowskaja, die an der Ermordung des Zaren Alexander II. beteiligt und 1881 hingerichtet worden war; Vera Figner, die wegen revolutionärer Umtriebe zu zwanzig Jahren Einzelhaft in der Festung Schlüsselburg verurteilt worden war; Vera Sassulitsch, die 1878 ein Attentat auf den Polizeipräsidenten von St. Petersburg verübt hatte, aber ins Ausland entkommen war und dort weiter politisch aktiv blieb.

Als im Jahre 1887 unter Alexander III. den Frauen generell der Zugang zur Hochschule verboten wurde, waren wiederum viele von ihnen gezwungen, ins Ausland zu gehen, um dort studieren zu können – diesmal aber wählten sie nicht nur die Schweiz als Zufluchts- und Studienort, sondern auch Deutschland, wo die führenden Vertreter der europäischen Arbeiterbewegung – Wilhelm Liebknecht, August Bebel, Karl Kautsky – wirkten.

Damals lernte Alexandra Kollontai, die 1898/99 in der Schweiz lebte und in den folgenden Jahren immer wieder größere Auslandsreisen unternahm, wichtige Vertreter der revolutionären Arbeiterbewegung und ihrer Parteien kennen. Zu ihnen gehörten neben Liebknecht, Bebel und Kautsky auch die radikalen Sozialistinnen Rosa Luxemburg und Clara Zetkin, beide Mitglieder der deutschen Sozialdemokratie, der damals mächtigsten sozialistischen Partei Europas. Während es Luxemburg bei der Klage beließ, daß nur so wenige Frauen sich am Kampf gegen die bestehenden Ausbeutungs- und Herrschaftsverhältnisse beteiligten, ging Zetkin sehr viel weiter, indem sie sich um die politische Aktivierung der proletarischen Frauen kümmerte. Freilich hatte auch für sie die „Klassenfrage" absoluten Vorrang vor der „Frauenfrage"; da Frauen und Männer als Lohnabhängige gleichermaßen vom Kapital ausgebeutet würden und sich nur im gemeinsamen Kampf befreien könnten, sei eine klassenübergreifende Zusammenarbeit von proletarischen und bürgerlichen Frauen abzulehnen.

Um diese radikale Abgrenzung der proletarischen von der bürgerlichen Frauenbewegung in Deutschland richtig verstehen und beurteilen zu können, muß man deren Vorgeschichte kennen. Um die Mitte des 19. Jahrhunderts gab es einen erheblichen Frauenüberschuß, der verschiedenen Umständen geschuldet war, nicht zuletzt der Tatsache, daß es in erster Linie die männliche Population war, die durch die zahlreichen Kriege und durch mehrere große Auswanderungswellen dezimiert wurde. Es ist deshalb nicht verwunderlich, daß über die Hälfte aller Frauen zwischen 15 und 50 Jahren damals unverheiratet war. Ehelosigkeit aber bedeutete für die nach bürgerlicher Ideologie erzogenen Frauen eine demütigende Existenz als nutzlose Kostgängerinnen von Familie und Verwandtschaft, ein Leben als „alte Jungfer", deren Klischeebild um die Mitte des vorigen Jahrhunderts geprägt wurde. Die Heiratschancen sanken umso mehr, je stärker im Zuge des sich durchsetzenden Industrialisierungsprozesses die ökonomischen Schwierigkeiten vieler Kleinproduzenten wuchsen. Oft war es nicht mehr möglich, die Töchter mit einer angemessenen Mitgift auszustatten; das wenige Geld, das noch geblieben war, reichte gerade dazu aus, den Söhnen eine Ausbildung zukommen zu lassen. Die Frauen, von denen die meisten ausschließlich auf Liebe und Ehe hin erzogen worden waren, mußten die erste Heiratschance, sofern sich überhaupt eine bot, ergreifen, d.h. eine sog. Konvenienzehe, eine Vernunftehe eingehen.

Gegen diese entwürdigende Situation begannen sich die bürgerlichen Frauen zu organisieren, indem sie die Forderung nach einer nützlichen Existenz stellten. Franziska Tiburtius, die erste deutsche Ärztin – sie hatte ihr Medizinstudium während der siebziger Jahre in Zürich absolviert – kommentierte diese Entwicklung folgendermaßen: „Ein der Jetztzeit näher stehender Schriftsteller hat die Frauenbewegung bezeichnet als die 'Revolution der Tanten', und es liegt ein Stückchen Wahrheit in dem Spott. Wie alle Revolutionen, war die Frauenbewegung nicht aus sich selbst oder als Erfindung einzelner entstanden, sondern als Resultat einer Reihe von Veränderungen in den Lebensbedingungen, in der wirtschaftlichen Lage des Volkes; seitdem die Maschinenarbeit, die Kollektivversorgung in den Haushalt eingriff, fand die unverheiratete Frau nicht mehr Platz und Versorgung im Verwandtenhaushalt. So war es zunächst das gewerbliche Gebiet, auf dem neue Wege gesucht und neue Erwerbsmöglichkeiten den Frauen zugänglich gemacht wurden" [3].

Obwohl Louise Otto-Peters, die als Begründerin der deutschen Frauenbewegung gilt, in ihrer Broschüre *Das Recht der Frauen auf Erwerb* (1849) nichts Anstößiges darin entdeckte, wenn auch gebildetere Frauen die Möglichkeit der Erwerbsarbeit in der Fabrik nutzten, schien dies den bürgerlichen Frauenrechtlerinnen nicht der sinnvollste Weg zu sein. Sie kämpften vielmehr zunächst um eine Reform der Mädchenausbildung und für die allgemeine Erweiterung von Berufs- und Tätigkeitsmöglichkeiten für Frauen – durchaus im standesgemäßen Sinne. Darüberhinaus zielten ihre Forderungen auf Selbständigkeit, Selbstverwirklichung und freie Partnerwahl. Im Laufe der Zeit kam es freilich zu einer Spaltung der bürgerlichen Frauenbewegung in einen rechten gemäßigten Flügel und in einen linken radikalen, der, vor allem im Zusammenhang mit der Stimmrechtsbewegung um die Jahrhundertwende, auf eine Kooperation mit der proletarischen Frauenbewegung drängte.

Völlig anders sah die soziale Situation bei den Frauen in der Industriearbeiterschaft aus. Sie versuchten ihrer Misere dadurch zu entgehen, daß sie sich massenhaft als Arbeitskräfte dem industriellen Kapital anboten. Die Bedingungen, unter denen sie in den Fabriken arbeiten konnten bzw. mußten, waren unvorstellbar schlecht, ihre Löhne lagen in der Regel weit unter denen der Männer. Als billige Arbeitskräfte, die für das Kapital eine schier unerschöpfliche „industrielle Reservearmee" (Marx) darstellten, wurden Frauen (wie auch Kinder) von den Unternehmern gern eingestellt, oft wurden sie sogar den Männern vorgezogen. Dadurch entstand eine Konkurrenzsituation um Arbeit zwischen Männern und Frauen, eine Situation, die wiederum zu einem proletarischen Antifeminismus führte, dessen erklärte Absicht es war, mit Hilfe von Abwehrstreiks Frauen von der Fabrikarbeit fernzuhalten und so eine Steigerung der Beschäftigungszahl und des Lohns auf der Seite der Männer zu erreichen. Eine führende Kraft in der antifeministischen Arbeiterbewegung war der von Ferdinand Lassalle 1863 gegründete „Allgemeine Deutsche Arbeiterverein".

Im Gegenzug dazu entstand unter den Arbeiterinnen eine Bildungsbewegung, die einen Ausweg aus der Misere ihres Ausbildungsstands weisen sollte. Die proletarischen Frauen fingen an, sich innerhalb verschiedener Arbeiterorganisationen (politische Vereine, Gewerkschaften, Bildungsvereine) zusammenzuschließen, um ihre Interessen besser artikulieren und durchsetzen zu können. Organisationsformen zu finden, die es ihnen gestatteten, ihre auf Emanzipation und Gleichberechtigung zielenden Forderungen zu verwirklichen, erwies sich allerdings insofern als schwierig, als es den Frauen an politischer und organisatorischer Erfahrung mangelte; hinzu kam die ständige Überwachung durch die Polizei. Bekanntlich untersagte das Preußische Vereinsgesetz – das 1850 als Reaktion auf die ersten Emanzipationsbestrebungen der Frauen im Zusammenhang der Achtundvierziger-Revolution erlassen worden war – den Frauen bis zum Jahre 1908 jegliche Mitgliedschaft in politischen Vereinen und Teilnahme an politischen Versammlungen. Das Gesetz galt ebenso für Lehrlinge und Schüler, wie überhaupt Frauen und Jugendliche als rechtlose Personen betrachtet wurden, etwa bei Vertragsabschlüssen und Zeugenaussagen vor Gericht.

Noch 1864 lehnte die I. Internationale Frauenarbeit ab. Auch die großen Theoretiker des Sozialismus, Marx und Engels, hinterließen hinsichtlich des weiblichen Emanzipationsanspruchs eher ein Vakuum; erst spät, 1884, veröffentlichte Engels seine Schrift über den *Ursprung der Familie, des Privateigentums und des Staats*, in der er die gesellschaftliche Rolle der Frau einer historischen Analyse unterzog. So blieb es August Bebel mit seinem bahnbrechenden, 1879 erschienenen Werk *Die Frau und der Sozialismus* vorbehalten, die Gleichberechtigung und Befreiung der Frau aus den Fesseln patriarchalischer Herrschaft nachdrücklich zu formulieren. Das Buch galt lange als die sozialistische „Bibel" hinsichtlich aller Probleme, die sich für die organisierte Linke aus der „Frauenfrage" ergaben. Es wurde in 15 Sprachen übersetzt; 1909 hatte es die 50. Auflage und fast den doppelten Umfang gegenüber der Erstauflage erreicht, weil Bebel ständig neues Material einarbeitete, seine Aussagen korrigierte und modifizierte und erst relativ spät, in den neunziger Jahren, eine dezidiert marxistische Note hineinbrachte.

Wie Marx und Engels betonte freilich auch Bebel nachdrücklich die historische und politische Notwendigkeit der Einheit des Proletariats und seines Klassenkampfs. Zwar hob er hervor, daß die Frauenfrage eine wichtige Komponente der allgemeinen sozialen Frage sei und insofern auch speziell behandelt werden müsse; aber zugleich hielt er daran fest, daß die doppelte Unterdrückung der Frau als Frau und Lohnabhängige nur durch eine soziale Revolution, also gemeinsam mit den Männern, beendet werden könne. Die orthodox marxistische Auffassung von der das Geschlechterverhältnis übergreifenden „Einheit des Klassenkampfs" gewann in der Sozialdemokratie wie in den Gewerkschaften die Oberhand, so daß es nicht verwundert, daß die Arbeiterorganisationen zunächst die Forderung nach der Bildung separater Organisationen von Frauen ablehnten.

An diesem Punkt setzte Clara Zetkins Bedeutung für die proletarische Frauenbewegung ein. Auf dem ersten Kongreß der II. Internationale, der 1889 in Paris tagte, vertrat sie in ihrem Referat die Auffassung, daß der Kampf der proletarischen Frau mit dem des proletarischen Mannes identisch sei und daß die Restriktion weiblicher Arbeit die Fähigkeit der Frau, sich zu einem freien Wesen zu entwickeln, nur behindere. Damit leistete Zetkin einen wichtigen Beitrag dazu, daß die Sozialdemokratie die Frauenfrage fortan nicht länger links liegen ließ, sondern in ihr Emanzipationsprogramm integrierte. Zetkin schlug vor, unter den Frauen sozialistische Agitation zu betreiben und für diesen Zweck eigene Organisationsformen zu finden, da die Vereinsgesetze den Frauen eine offizielle Mitgliedschaft in der SPD untersagten. Ihr Plan sah vor, daß die Frauen einerseits von der Partei administrativ unabhängig sein, andererseits aber von dieser unterstützt und in ihre kurz- und langfristigen politischen Ziele einbezogen werden müßten. Schon 1889 entstanden daraufhin die „Frauenagitationskommissionen"; seit 1891 war die Zeitschrift *Die Gleichheit* das offizielle Organ der sozialistischen Frauenbewegung Deutschlands, deren Redaktion Zetkin von 1892 bis 1917 leitete; wurden bis 1900 auf den Parteitagen der Sozialdemokratie Frauenthemen lediglich mitbehandelt, so gab es von da an jedes zweite Jahr unmittelbar vor den Parteitagen gesonderte zweitägige Frauenkonferenzen.

Zetkin und andere führende Frauen innerhalb der SPD vertraten einmütig die orthodox marxistische Linie der Partei. Der sozialdemokratische Revisionismus, der sich um Eduard Bernstein herausgebildet hatte und in manchem der bürgerlichen Frauenbewegung nahestand, wurde von ihnen ebenso strikt abgelehnt wie eine Kooperation mit den bürgerlichen Frauenrechtlerinnen. Zetkin konzedierte zwar, daß die proletarische Frauenbewegung die Bedeutung der Berufsarbeit für die Gleichberechtigung der Frau von der bürgerlichen Frauenbewegung übernommen habe; ansonsten aber betonte sie die ideologische und organisatorische Unabhängigkeit der sozialistischen Frauen. Zetkin zufolge ist die proletarische Frauenbewegung „Teil der allgemeinen klassenbewußten Arbeiterbewegung Deutschlands, gemäß der geschichtlichen Wahrheit, daß die Befreiung der Arbeiterklasse und all ihrer Teile das Werk der Arbeiterklasse und all ihrer Teile sein muß"[4]. In diesem Sinne postulierte sie die Unmöglichkeit einer klassenübergreifenden Zusammenarbeit von proletarischen und bürgerlichen Frauen, da Arbeiter und Arbeiterin als gemeinsam vom Kapital Ausgebeutete gemeinsam gegen die Bourgeoisie kämpfen müßten – auch gegen die Frauen aus der Bourgeoisie. Den bürgerlichen Frauenrechtlerinnen wurde attestiert, daß sie einen Geschlechterkampf mit dem Ziel führten, die soziale Gleichberechtigung mit den Männern ihrer Klasse zu erreichen, während sie sich für die ganz andere Situation der Arbeiterinnen nicht interessierten, vielmehr allein ihrem Klassenegoismus folgten.

Die starke Stellung Zetkins nicht nur in der proletarischen Frauenbewegung Deutschlands, sondern auch in der 1907 von ihr gegründeten Sozialistischen Fraueninternationale, als deren internationales Organ *Die Gleichheit* deklariert wurde, beruhte in erster Linie auf der führenden Rolle der deutschen Sozialdemokratie. Mit ihrer hohen Mitgliederzahl, ihrer straffen und einheitlichen Organisation und ihrer Treue gegenüber den Ideen von Marx und Engels verkörperte die Vorkriegs-SPD wie keine andere linke Partei Willenskraft und Solidarität der um ihre Emanzipation kämpfenden Arbeiterklasse Europas. Bis zum Ausbruch des Ersten Weltkriegs galt die deutsche Sozialdemokratie, ungeachtet aller revisionistischen und reformistischen Tendenzen in ihren eigenen Reihen, als revolutionäre Partei.

Auch Alexandra Kollontai, die sich nach ihrer Rückkehr aus der Schweiz der illegalen russischen Sozialdemokratie angeschlossen hatte, bezog entschieden gegen alle revisionistischen Strömungen Stellung. Sie veröffentlichte ihre ersten wissenschaftlichen Arbeiten über die Lage der finnischen Arbeiter, die u. a. in dem von Kautsky herausgegebenen Organ der deutschen Sozialdemokratie *Die Neue Zeit* erschienen. Zur selben Zeit trat sie erstmals als öffentliche Rednerin hervor: 1903 sprach sie vor Petersburger Studenten über das Verhältnis der Philosophie Nietzsches zu der Marxens, 1905, im Jahr der ersten russischen Revolution, legte sie auf der ersten großen Frauenkundgebung in Petersburg dar, warum sich die revolutionären Sozialistinnen von den bürgerlichen Frauenrechtlerinnen distanzieren müßten. – Für die russische Übersetzung von Bebels *Die Frau und der Sozialismus* verfaßte Kollontai ein Vorwort.

Am 9. Januar 1905 marschierten 140.000 unbewaffnete Menschen unter Leitung des Priesters Gapon durch Petersburg zum Winterpalais, dem Sitz des Zaren, um Petitionen zu übergeben. Die zaristischen Truppen eröffneten das Feuer auf die Massen, mehr als 1.000 Menschen wurden erschossen. Kollontai befand sich an diesem „blutigen Sonntag", der das Signal zur revolutionären Erhebung in Rußland war, inmitten der demonstrierenden Menschenmassen. Eine Streikwelle erfaßte das Land. Im Herbst 1905 bildeten sich spontan neue revolutionäre Organe – Sowjets, Räte.

Seit 1903 war die russische Sozialdemokratie in zwei konkurrierende politische Gruppierungen gespalten, in Menschewiki und Bolschewiki; letztere standen unter der Führung Lenins. Die Menschewiki traten für bürgerlich-demokratische Reformen ein, bei denen das liberale Bürgertum eine führende Rolle spielen und eine demokratisch-kapitalistische Entwicklung ingang setzen müsse – nur unter solchen Bedingungen könnte die russische Arbeiterbewegung ihren Kampf für eine sozialistische Gesellschaftsordnung wie die westliche Arbeiterbewegung führen. Demgegenüber glaubten die Bolschewiki nicht an die Möglichkeiten der rückständigen russischen Bourgeoisie; vielmehr sollte nach ihrer Auffassung die Industriearbeiterschaft gemeinsam mit den Bauern die Führung im revolutionären Kampf übernehmen und eine demokratische Diktatur von Proletariat und Bauernschaft errichten.

In diesen Jahren, die von starken politischen und sozialen Spannungen geprägt waren, arbeitete Kollontai sowohl mit politischen Zirkeln zusammen, die von menschewistischen Ideen dominiert wurden, als auch mit bolschewistischen und sozialrevolutionären Gruppen. Entsprechend ihrer eigenen und gemäß Clara Zetkins orthodox marxistischer Überzeugung gab es für sie keine von der Arbeiterbewegung isolierte „Frauenfrage". Kollontai, die sich um den Aufbau einer proletarischen Frauenbewegung in Rußland bemühte, lehnte die Zusammenarbeit mit der damals schon starken bürgerlichen Frauenbewegung ab. Auf der anderen Seite hatte sie mit der Indifferenz und Skepsis ihrer männlichen Mitstreiter zu kämpfen, die sich für die politische Agitation speziell von Frauen wenig interessierten und denen gegenüber sie sich ständig zu legitimieren hatte.

Im Jahre 1906 traf Kollontai in Finnland mit Rosa Luxemburg zusammen. Luxemburg riet ihr, im Interesse ihrer Arbeit am Mannheimer Parteitag der SPD teilzunehmen, der im September desselben Jahres stattfinden sollte. Im Vorfeld des Parteitags versammelten sich die revolutionären Frauen auf der vierten Konferenz sozialdemokratischer Frauen Deutschlands. Wie diese Konferenz besuchte Kollontai, als einzige russische Vertreterin, auch die ein Jahr später in Stuttgart zusammengerufene erste Internationale Sozialistische Frauenkonferenz. Hier konnte Kollontai ihre eigenen politischen Positionen überprüfen und deren Übereinstimmung mit der Haltung Zetkins feststellen. In einem Artikel, den sie für eine russische Zeitschrift[5] über die Stuttgarter Konferenz verfaßte, äußerte sie sich in polemischem Ton über die aktuellen Fragen: Im Zusammenhang mit der Frauenstimmrechtsdiskussion verfocht sie entschieden die Meinung, daß ein gemeinsames Vorgehen von Sozialistinnen und den als kompromißlerisch angesehenen bürgerlichen Frauenrechtlerinnen abzulehnen sei, daß proletarische Klasseneinheit und -solidarität auch auf internationaler Ebene Vorrang hätten; weiterhin unterstützte sie Zetkins Antrag zur Einrichtung eines internationalen sozialistischen Frauensekretariats im Sinne der Notwendigkeit selbständiger Frauenorganisationen innerhalb der Partei.

Zunächst arbeitete Kollontai in dem Ende des Jahres 1907 von ihr mitgegründeten Arbeiterinnenclub, der an keine Fraktion gebunden war, in Petersburg mit, gab diese Tätigkeit jedoch schon bald wieder auf, da ihr daran gelegen war, innerhalb der russischen sozialdemokratischen Partei eine Abteilung für die politische Arbeit unter Frauen ins Leben zu rufen. „Ich hatte mir vor allem die Aufgabe gestellt, in Rußland die Arbeiterinnen für den Sozialismus zu gewinnen und gleichzeitig auch die Befreiung der Frau, ihre Gleichberechtigung anzustreben"[6]. Als im Dezember 1908 die von bürgerlichen Frauenrechtlerinnen einberufene Erste Allrussische Frauenkonferenz stattfand (zu der etwa siebenhundert Teilnehmerinnen kamen), trat Kollontai mit einer Gruppe von 45 Arbeiterinnen auf, um die anwesenden Frauen politisch zu agitieren. Schon zwei Monate vor dem Kongreß hatte Kollontai mehr als 50 Versammlungen mit Arbeiterinnen durchgeführt und für fünf Frauen, die als Delegierte auf der Konferenz sprechen sollten, Referate mit ausgearbeitet. Das von ihr vorbereitete Referat zum Thema „Die Arbeiterfrau in der gegenwärtigen Beschaffenheit der Gesellschaft", in dem es um die gesetzliche Gleichstellung von Mann und Frau, um Wahlrecht für Frauen, Arbeits- und Mutterschutz, Verbesserung der Familienverhältnisse, das Problem der Prostitution, schließlich um Versammlungs- und Pressefreiheit ging (wobei einmal mehr die Selbständigkeit der „Frauenfrage" verneint wurde), mußte von einer der delegierten Arbeiterinnen verlesen werden, weil Kollontai inzwischen die Verhaftung durch die zaristische Polizei drohte.

Bevor es aber zur Verhaftung kommen konnte, gelang Kollontai die Flucht nach Deutschland. Ihre Broschüre *Finnland und der Sozialismus* – mit der Arbeiterbewegung dieses Landes hatte sie sich seit den neunziger Jahren immer wieder intensiv beschäftigt – und ihr Buch *Die soziale Grundlage der Frauenfrage,* in dem sie die Partei aufforderte, die Arbeiterinnenbewegung in Rußland lebensfähig zu machen, waren im Laufe des Jahres 1908 erschienen. Daneben hatte sie sich durch allerlei umstürzlerische Tätigkeiten bei der Polizei als Revolutionärin verdächtig gemacht. Schließlich warf man ihr Mitgliedschaft in der Sozialdemokratischen Partei vor. Das zusammen genügte, sie für Rußland „untragbar" zu machen. Erst im Frühjahr 1917, nach dem Sturz der zaristischen Despotie, sollte Kollontai in ihre Heimat zurückkehren.

## Erstes Exil: Von der Sozialdemokratie zum Bolschewismus (1908-1917)

In Deutschland wurde Kollontai bald Mitglied der starken sozialdemokratischen Partei. Jetzt war eine noch engere Zusammenarbeit mit Clara Zetkin möglich, deren politischen Intentionen sie ohne Vorbehalt zustimmte. Das Aktionsprogramm, das Zetkin für Deutschland vorgeschlagen hatte, schien Kollontai auch auf die russischen Verhältnisse anwendbar zu sein: Um Frauen in die revolutionäre Bewegung und den allgemeinen Emanzipationskampf der Arbeiterklasse einzubeziehen, wurde ein spezielles Frauenbüro eingerichtet, das die Propagandatätigkeit unter den Frauen anleiten sollte. Wie Zetkin vertrat Kollontai die Ansicht, daß nur mit Hilfe solcher Einrichtungen das Selbstbewußtsein des am meisten unterdrückten Teils der Arbeiterklasse gestärkt werden könne. Die hohe Zahl der in der SPD (75.000) und in den Gewerkschaften (150.000) organisierten Frauen war ein überzeugendes Argument dafür, daß dieser Weg der richtige sei. Andererseits drängte die SPD, nachdem im Jahre 1908 das Preußische Vereinsgesetz aufgehoben worden war, energisch darauf, die sozialistische Frauenbewegung, die vor allem durch Zetkins unermüdliches Wirken entstanden war, in die Partei einzugliedern – so konnte man eine effektivere Kontrolle über die Frauen ausüben und zugleich verhindern, daß die Schlagkraft der Bewegung durch separate Organisationen geschwächt wurde. 1912 wurde das Frauenbüro endgültig aufgelöst – gegen die Bedenken der Frauen, daß auch weiterhin eine gesonderte Organisation und Agitation vonnöten sei und daß die Belange der

Frauen in der von Männern beherrschten Partei nicht genügend berücksichtigt würden. Zetkins Weg hatte sich bis dahin dennoch bewährt, er sollte später im jungen Sowjetstaat Nachahmung finden.

Auf der bereits erwähnten Stuttgarter Konferenz referierte Kollontai über ein Thema, das in Zusammenhang mit allgemeinen Forderungen nach besserem Arbeits- und Krankheitsschutz stand: über den Schutz von Mutter und Kind. Sie formulierte die These, daß das Austragen von Kindern ein Dienst an der Gesellschaft sei, für den diese entsprechend aufkommen müsse, insofern sei Mutterschaftsfürsorge auch auf unverheiratete Frauen auszudehnen. Mit diesem Vorschlag hatte Kollontai die meisten Delegierten gegen sich, auch Clara Zetkin – es war die erste wichtige Kontroverse mit ihr. Trotzdem wurde Kollontai aber ins Internationale Frauensekretariat gewählt. Gemeinsam mit Zetkin setzte sie durch, daß künftig der 8. März als internationaler Frauentag gefeiert wurde.

Ihre politische Arbeit für Rußland beschränkte sich im wesentlichen darauf, daß sie Zeitungsartikel verfaßte, in denen sie zu den sozialen Problemen des Landes Stellung nahm. Eine Anfrage der menschewistischen Mitglieder der Staatsduma – eine nach der Revolution von 1905 geschaffene Volksvertretung des russischen Reichs mit allerdings eingeschränkten Kompetenzen – hinsichtlich ihrer schon seit längerem angestellten Recherchen über die Fragen des Mutterschutzes auf internationaler Ebene blieb die einzige positive Resonanz auf Kollontais Rußland-Aktivitäten.

Die Themen Mutterschaft und Mutterschutz und die damit zusammenhängenden gesellschaftlichen Aufgaben und Funktionen rückten für Kollontai immer stärker in den Mittelpunkt ihres Interesses. 1916 erschien ihr umfangreiches Buch *Gesellschaft und Mutterschaft*, in dem sie ihre Auffassung detailliert darlegte. Zum Kampf um die Verbesserung der sozialen Situation proletarischer Frauen gehörte für sie in erster Linie die Forderung nach einer staatlichen Mutterschaftsversicherung; deren Notwendigkeit war von einigen europäischen Staaten, etwa von Deutschland und Rußland, längst erkannt worden, und man hatte für entsprechende Einrichtungen gesorgt. Die „bedrohliche Erscheinung des Geburtenrückganges veranlaßt eine Staatsregierung nach der anderen, sich zur staatlichen Mutterschaftsversicherung zu bequemen. Der 'Untergang der Nationalitäten', die Abnahme der Militärkräfte im Staate, drohender Mangel an Arbeitskräften auf dem Arbeitsmarkt – all diese Faktoren machen das Problem der Mutterschaft zu einer aktuellen sozialreformatorischen Aufgabe"[7]. In ihrem Buch untersucht Kollontai Art und Bedingungen des Mutterschutzes in verschiedenen Ländern und kommt zu einer weitreichenden Forderung: „Die Gesetze, die den Schutz der Mütter erzielen wollen, sollen derart gestaltet werden, daß sie den allmählichen Übergang der Fürsorge für die Nachkommenschaft von den privaten Familien auf die Gesellschaft erleichtern. Erst wenn eine rationelle Versicherung der Mutter und der Schutz der Kinder zustande kommen, wird die Befreiung der Frau möglich werden. Erst dann wird es ihr auch möglich werden, ihre reiche Begabung in dem breiteren Betätigungskreise eines Berufs und des öffentlichen Lebens zur Geltung zu bringen. Dann erst wird auch das Entstehen der neuen Geschlechtsmoral, das Wachsen der kameradschaftlichen Gefühle zwischen dem Manne und der Frau bei vollkommener wirtschaftlicher Unabhängigkeit voneinander eine wirkliche Beschleunigung erfahren"[8].

Nicht nur das Interesse der sozialdemokratischen Duma-Mitglieder an Fragen der Mutterschaftsversicherung, auch das Eintreten von drei bekannten Bolschewistinnen für die Belange der Arbeiterinnen zeigten Kollontai, daß sie auf dem richtigen Weg war und daß die Wichtigkeit ihres Kampfes auch von anderen erkannt wurde. Nadeshda Krupskaja, Lenins Frau, hatte im Jahre 1900 in Rußland die erste Schrift zur Arbeiterinnenfrage überhaupt veröffentlicht und sich seitdem immer wieder mit dieser Thematik befaßt; auch Inès Armand, die sich 1910 mit Lenin und Krupskaja in Paris angefreundet hatte und seit 1914 dem Internationalen Frauensekretariat als Vertreterin der Bolschewiki angehörte, und K. N. Samoilowa engagierten sich für die Frauenfrage. Alle drei Frauen sollten später im jungen Sowjetstaat wichtige politische Aufgaben übernehmen.

Einige Beispiele zeugen von den unzähligen Aktivitäten Alexandra Kollontais in diesen Jahren vor dem Ersten Weltkrieg. Auf Einladung der nationalen sozialistischen Parteien bereiste sie Dänemark, Schweden, die Schweiz, Belgien und hielt dort Vorträge; für einige Monate arbeitete und agitierte sie in Frankreich und hielt an der Parteischule der Menschewiki in Bologna Vorlesungen zu diversen Themen; in Frankfurt am Main organisierte sie am 8. März 1911 den ersten internationalen Frauentag; sie beteiligte sich aktiv am Kongreß der englischen Trade-Unions und arbeitete nebenher ständig an eigenen Publikationen.

Als polyglotte und rhetorisch glänzend begabte Agitatorin war sie in vielen Ländern sehr gefragt. In ihrem 1912 zunächst in russischer Sprache erschienenen Buch *Durch das Europa der Arbeiter* hielt sie „belletristische Momenteindrücke und Stimmungen", wie sie es selber nannte, vom Leben und Kampf der Arbeiter in Deutschland, England, Dänemark und Schweden fest, die sie auf ihren zahllosen Agitations- und Vortragsreisen gewonnen hatte. Mit dem zunehmenden politischen Opportunismus und der Tendenz zur Bürokratisierung innerhalb der deutschen Sozialdemokratie ging sie dabei hart ins Gericht; durch ihre Kritik fühlten sich die deutschen Genossen bloßgestellt, was Kollontai einige Sympathien kostete. In einer zeitgenössischen Rezension ihres Buches, gedruckt im *Korrespondenzblatt der Generalkommission der Gewerkschaften Deutschlands,* heißt es: „Der Leser wird daraus nichts von der Bedeutung und der Leistung der modernen Arbeiterbewegung in Deutschland erfahren, dagegen aber in dichten Farben gemachte Schilderungen zu Gesicht bekommen, aus denen hervorgeht, daß die deutschen Arbeiter viel trinken, Karten spielen, reaktionäre Ansichten über Frauen usw. haben, ungeheuer kleinlich sind, keine geistigen Interessen haben und sogar in der Organisationstätigkeit nur finanzielle Momente berücksichtigen. Sie seien in ihren Meinungen unselbständig und folgen blindlings den Führern"[9].

Kollontai wirkte und agitierte unermüdlich für die Ziele der revolutionären sozialistischen Bewegung Europas. Als im Zusammenhang mit der Vorbereitung der nächsten Internationalen Sozialistischen Frauenkonferenz, die für August 1914 geplant war, wegen Ausbruch des Ersten Weltkriegs aber nicht mehr stattfinden konnte, in Berlin eine Kundgebung von Fabrikarbeiterinnen gegen Krieg und Militarismus organisiert wurde, gehörte Kollontai zu den eingeladenen Rednerinnen – die preußische Polizei sorgte allerdings dafür, daß ihr Auftritt verboten wurde. Zu dieser

Zeit zählte sie bereits zur international bekannten revolutionären Avantgarde der europäischen Arbeiterbewegung.

Als am 4. August 1914 die sozialdemokratischen Reichstagsabgeordneten den kaiserlichen Kriegskrediten zustimmten – Kollontai wohnte der Abstimmung auf der Publikumsempore des Reichstags bei –, lebte die russische Revolutionärin in Berlin und gehörte zu den wenigen überzeugten Pazifisten innerhalb der Sozialdemokratie. Mit Sophie und Karl Liebknecht, mit Rosa Luxemburg und Clara Zetkin, Otto Rühle und Luise Zietz, die ihre ablehnende Haltung zum Krieg teilten, beriet sie, was zu tun sei. Aber zunächst sah sich die kleine Internationale der Kriegsgegner in der politischen Defensive.

Mit Unterstützung Liebknechts gelang es Kollontai, Deutschland zu verlassen, wo sie sich zunehmend isoliert gefühlt hatte, und in Skandinavien eine neue Wirkungsstätte zu finden. Als aktive Kriegsgegnerin wurde sie in Schweden, ihrem ersten Aufenthalt, bald verhaftet und nach Dänemark abgeschoben; auch dort wurde sie verfolgt, so daß sie schließlich nach Norwegen ausweichen mußte. Von hier aus erfolgte Kollontais für ihren weiteren politischen Weg entscheidende Kontaktaufnahme mit Lenin und den Bolschewiki, die die sofortige Beendigung des Krieges auf ihre Fahnen geschrieben hatten. Hatte Kollontai in Deutschland noch hauptsächlich politischen Umgang mit menschewistisch orientierten russischen Sozialdemokraten gehabt, so war sie jetzt um so entschiedener bereit, mit Lenin, der im Schweizer Exil saß, in briefliche Verbindung zu treten und seinen radikalen antiimperialistischen Kurs zu unterstützen.

Kollontais Abschied von Berlin war zugleich ein Abschied von der SPD, der einst so bewunderten, der mächtigsten Partei der II. Internationale. Längst war ihr klar geworden, daß die Partei politisch in eine Sackgasse geraten war, daß sich dank Bürokratisierung und Hierarchiedenken, das die einfachen Mitglieder zu bloßen Empfängern von Anordnungen und Parolen degradierte, das Klima in der SPD grundlegend geändert hatte. Daher hatte Kollontai den „Sündenfall" der Partei und die Notwendigkeit einer politischen Neuorientierung und Neuorganisation der ursprünglich revolutionären, antikapitalistischen Bewegung kommen sehen. „Schmerzlich und ärgerlich waren die ersten Tage. Inzwischen fühle ich, daß es so kommen mußte. Und daß es besser so ist. Etwas Neues muß her. Eine Neubewertung aller Werte! Dann wird die deutsche Sozialdemokratie nicht mehr mit ihrem unwahrscheinlich schwerfälligen bürokratischen Apparat und ihrer 'Mustergültigkeit', an der wir langsam erstickt sind, auf der Arbeiterbewegung der Welt lasten"[10].

Auch für Lenin war die Zustimmung der sozialdemokratischen Reichstagsfraktion zu den Kriegskrediten ein schwerer Schock gewesen, er hatte zunächst sogar eine Nachrichtenfälschung der bürgerlichen Presse vermutet. Das Einschwenken der SPD auf den wilhelminischen Kriegskurs bedeutete den Verrat an Ideen, Prinzipien und Beschlüssen, die über Jahrzehnte hinweg von der II. Internationale als verbindlich vertreten worden waren. Die sozialistische Überzeugung, daß Arbeiter kein Vaterland haben, daß das Proletariat aller Länder gegen die Bourgeoisie aller Länder einen revolutionären Krieg zu führen habe, daß in Krisenzeiten illegale Formen von Organisation und Agitation zu schaffen seien – all das schien jetzt ignoriert und vergessen. Lenin, durchaus kein Pazifist, unterschied zwischen Kriegen, welche eine revolutionäre

Entwicklung förderten, insofern „gerecht" seien, und solchen, die derartige Entwicklungen hemmten, also „ungerecht" seien. Sein Ziel war daher, den imperialistischen Weltkrieg mit allen Mitteln in einen revolutionären Bürgerkrieg zu transformieren. Lenin baute darauf, daß die Arbeiter aufgrund der Opfer, die der Krieg von ihnen fordern würde, den Verrat der opportunistischen Arbeiterparteien und ihrer Führer durchschauen und die Notwendigkeit einer bewaffneten Erhebung gegen Regierung und Bourgeoisie einsehen würden. Diese politische Fiktion erlaubte es ihm, ans Fortleben der II. Internationale zu glauben. In der Schrift *Der Krieg und die russische Sozialdemokratie,* als Zeitungsartikel publiziert, hatte Lenin im November 1914 seine diesbezüglichen Vorstellungen dargelegt. Kollontai hatte den Artikel gelesen. Da Lenin zu jener Zeit mit seinen radikalen politischen Ideen sogar bei sozialistischen Kriegsgegnern, denen er immer wieder seine Meinung aufzuzwingen suchte, auf Widerstand gestoßen und fast vollkommen isoliert war, war ihm die Kontaktaufnahme Kollontais mit den Bolschewiki hochwillkommen.

Kollontai lebte nun in Skandinavien, sie beherrschte die dortigen Sprachen und war insofern bestens geeignet, die sozialdemokratischen Parteien, ihre Führer und Mitglieder, mit den Leninschen Ideen bekannt zu machen und von ihrer Richtigkeit zu überzeugen. Sie konnte entsprechende Artikel für Parteizeitungen schreiben, sie konnte wichtige Berichte der skandinavischen Presse übersetzen und so Lenin über die politische Lage und Entwicklung auf dem laufenden halten. Daß Kollontai damals mit dem von Lenin sehr geschätzten Alexander Schljapnikow, der zum kleinen Kreis seiner Anhänger zählte, liiert war, mag den Kontakt und die Zusammenarbeit zwischen ihr und Lenin befördert haben. Aber auch wenn sich Kollontai den Bolschewiki wegen deren bedingungsloser Kriegsgegnerschaft anschloß, blieb ihr Lenins Bürgerkriegstheorie fremd.

Vom 25. bis 28. März 1915 fand in Bern eine – von Clara Zetkin gegen den Willen des SPD-Vorstands organisierte – internationale Frauenkonferenz statt, auf der eine Resolution verabschiedet wurde, die die Frauen dazu aufrief, dem Krieg ein Ende zu bereiten. Nur 29 Teilnehmerinnen waren zu dieser Konferenz erschienen, und Kollontai, der die Durchreise durch Frankreich untersagt worden war, konnte lediglich eine Antikriegs-Resolution beisteuern, die außer von ihr nur noch von drei norwegischen Frauen unterzeichnet war. In Lenins Auftrag schrieb Kollontai eine Broschüre mit dem Titel *Wem nützt der Krieg?*, sie wurde als Propagandaschrift des bolschewistischen Zentralkomitees in viele Sprachen übersetzt und u.a. an 4.000 russische Kriegsgefangene in Deutschland und Österreich verteilt. Außerdem übersetzte sie eine Deklaration Lenins, die er zur Vorbereitung der internationalen sozialistischen Konferenz von Zimmerwald in der Schweiz verfaßt hatte, ins Norwegische und Schwedische.

Im Juli 1915 schrieb Lenin an Kollontai in einem seiner Briefe, die oft in sehr belehrendem und drängendem Ton gehalten waren: „Nach unserer Ansicht müssen die Linken mit einer gemeinsamen prinzipiellen Erklärung auf den Plan treten, enthaltend 1. die bedingungslose Verurteilung der Sozialchauvinisten und Opportunisten, 2. ein revolutionäres Aktionsprogramm (ob man sagt: Bürgerkrieg oder revolutionäre Massenaktionen - das ist schon nicht mehr so wichtig), 3. die Ablehnung der Losung der

'Vaterlandsverteidigung' usw. Eine prinzipielle Erklärung der 'Linken', abgegeben im Namen einiger Länder, wäre von gigantischer Bedeutung"[11]. Sollte Kollontai damit einverstanden sein, so wäre es ihre Aufgabe, die entsprechende Agitation in den skandinavischen Ländern zu betreiben. Offenbar war Kollontai einverstanden – ihre Bedenken gegen Lenins Bürgerkriegsthese hatte sie im Interesse einer engeren Zusammenarbeit mit Lenin und seiner politisch aktiven Gruppe immer mehr hintangestellt, worüber eine Tagebucheintragung vom 22. Juli 1915 Auskunft gibt: „Vor kurzem noch glaubte ich, daß die Losung vom Frieden alles erfasse. Inzwischen ist mir klar, daß auch das Opportunismus ist. Es genügt nicht, die Ursachen des Krieges zu begreifen und Kriegsgegner zu sein, man muß auch wissen, mit welchen Mitteln der Krieg bekämpft werden kann. Das ist das Wichtigste ... . Dieser Krieg führt zwangsläufig zur sozialen Revolution, das ist klar und unausweichlich"[12].

Vom 5. bis 8. September 1915 trafen sich in Zimmerwald 38 europäische Linkssozialisten. Für die von ihm vorgelegte Resolution, der imperialistische Krieg müsse in einen Bürgerkrieg transformiert, eine neue Internationale müsse proklamiert werden, fand Lenin lediglich acht Anhänger; diese kleine Gruppe nannte sich künftig „Zimmerwalder Linke". Trotzki wurde beauftragt, eine gemeinsame Erklärung der Konferenzteilnehmer zur Verurteilung des Krieges zu entwerfen, die später als „Zimmerwalder Manifest" bekannt wurde. Dieses Manifest enthielt weder einen Aufruf zum Bürgerkrieg noch war in ihm von der Gründung einer neuen Internationale die Rede.

Kollontais Agitationstätigkeit für Lenins politische Ziele beschränkte sich nicht nur auf die skandinavischen Länder. Im August 1915 erhielt sie, die rede- und sprachgewandte, von Karl Liebknecht persönlich empfohlene Revolutionärin, eine Einladung der deutschen Sektion der sozialistischen Partei der USA, für vier Monate eine Reise durch die Vereinigten Staaten zu machen und Vorträge gegen den Krieg zu halten. Die Aussicht, in der Neuen Welt ihren politischen Standpunkt öffentlich propagieren zu können, begeisterte Kollontai. Von Lenin, den sie umgehend über die Einladung informiert hatte, erhielt sie Zuspruch und diverse Aufträge. So sollte sie seine Schrift *Sozialismus und Krieg* ins Englische übersetzen und für ihre Verbreitung sorgen; auch sollte sie, wo immer sie hinkam, Verbindung mit den Bolschewiki aufnehmen, mit ihnen sprechen und sie „beleben" [13].

Am 8. Oktober 1915 traf Kollontai in New York ein. Eine anstrengende Agitations- und Propagandareise per Eisenbahn führte sie in 80 amerikanische Städte. Sie fühlte sich gebraucht von der im Entstehen begriffenen III., der späteren Kommunistischen Internationale, unermüdlich trat sie für die Grundsätze der Erklärung von Zimmerwald ein. Kollontai sprach vor Industrie- und Bergbauarbeitern, oft zweimal täglich, mal in deutscher, mal in englischer, mal in russischer Sprache. Alles in allem aber war sie von ihrer Reise enttäuscht, da sie die amerikanischen Arbeiter weit weniger revolutionär und radikal fand, als sie es sich erhofft hatte: „Die Eigentümlichkeit Amerikas ist ebenso überlebte Legende wie das Märchen von der großen amerikanischen 'Freiheit'. .... Blickt man auf Amerika, sieht man sich einmal die stattfindenden Prozesse näher an, so wundert man sich über eines – wie gleichartig und einförmig die Welt doch geworden ist! ... Mit schwindelerregender Schnelligkeit führt der Kapitalismus sein Werk der Nivellierung der Länder und Völkerschaften aus"[14].

Im Frühjahr 1916 kehrte Kollontai nach Norwegen zurück, um im August erneut nach Amerika zu gehen, diesmal freilich eher aus privaten Gründen; sie wollte mit ihrem Sohn Mischa zusammen sein, der sich wegen seiner Ausbildung zum Ingenieur in den Vereinigten Staaten aufhielt. Bei diesem zweiten Amerikabesuch begegnete sie im Januar 1917 Trotzki, der soeben in New York angekommen war. Zwischen den beiden gab es offenbar Meinungsverschiedenheiten, vielleicht spielten auch persönliche Antipathien eine Rolle, Trotzki jedenfalls vermerkt in seiner Autobiographie: „In Amerika war damals auch Kollontai. Sie reiste viel herum, und ich habe sie verhältnismäßig wenig getroffen. Während des Krieges hat sie eine scharfe Evolution nach links durchgemacht und ist aus den Reihen der Menschewiki zu dem linkesten Flügel der Bolschewiki übergegangen. Ihre Sprachkenntnisse und ihr Temperament machten sie zu einem wertvollen Agitator. Ihre theoretischen Ansichten waren stets konfus. In der New Yorker Periode war ihr nichts revolutionär genug. Sie korrespondierte mit Lenin. Tatsachen und Ideen durch ihr damals ultralinkes Prisma brechend, versorgte Kollontai Lenin mit amerikanischen Informationen, unter anderem auch über meine Tätigkeit. In den Antwortbriefen Lenins kann man einen Widerhall dieser völlig untauglichen Informationen finden"[15]. Tatsächlich finden sich in etlichen Briefen Lenins aus jener Zeit unfreundliche Äußerungen über Trotzki, die vermutlich einerseits auf entsprechende Bemerkungen Kollontais zurückgehen, andererseits aber auch damit zusammenhängen, daß Trotzki nicht zur Zimmerwalder Linken gehörte, vor der Revolution überhaupt sich in Auseinandersetzung mit Lenin befand.

Ende Januar 1917 kehrte Kollontai von ihrer zweiten Amerikareise nach Norwegen zurück. Einmal mehr erhielt sie von Lenin den Auftrag, ihre Agitationsarbeit in Skandinavien fortzusetzen. In Schweden sollte eine neue sozialistische Partei auf der Grundlage der Entschließungen der Zimmerwalder Mehrheit gegründet werden. Um die Parteigründer auf „die ganze Niedertracht" (Lenin) der Zimmerwalder Mehrheit aufmerksam zu machen, sollte Kollontai die schwedische Linke gemeinsam mit einer Gruppe russischer Bolschewisten aus Norwegen, Dänemark und Schweden als Hilfstruppe mobilisieren. „Ich bin überzeugt", so Lenin in einem Brief an Kollontai, „daß Sie sehr vieles tun. Es wäre gut, die Linken zusammenzuschließen und zu vereinigen, um den Schweden in diesem so schweren Augenblick ihres Lebens beizustehen"[16].

Kollontais diesbezügliche Aktivitäten wurden durch die Februarrevolution in Rußland unterbrochen. Nach Lenins erstem triumphierenden Brief über die russischen Ereignisse bat sie ihn um politische Direktiven, die er ihr aber, weitab vom Ort des Geschehens, nur in allgemeiner Form geben konnte. In Lenins letztem Brief an Kollontai aus dem Schweizer Exil heißt es: „Jetzt kommt es darauf an, ... die Massen zu organisieren, neue Schichten zu erwecken, die rückständigen, ländlichen Schichten, die Dienstboten, ... Zellen in der Armee zu bilden zur systematischen, umfassenden Entlarvung der neuen Regierung und um die Eroberung der Macht durch die Sowjets der Arbeiterdeputierten vorzubereiten. Nur eine solche Macht kann Brot, Frieden und Freiheit bringen ..., bewaffnetes Abwarten, bewaffnete Vorbereitung einer breiteren Basis für eine höhere Etappe. … Ich drücke Ihnen fest die Hand" [17].

## Revolution und Frauenbefreiung (1917-1921)

Zwischen 1914 und 1918 hatte die Frauenarbeit in Rußland je nach Branche um 70 bis 400 Prozent zugenommen, was nicht zuletzt damit zusammenhing, daß viele Männer eingezogen waren. Dadurch hatte sich die gesellschaftliche Stellung der Frau in wenigen Jahren radikal geändert[18]. Schon im vorrevolutionären Rußland hatten die Textilarbeiterinnen die quantitativ stärkste und kämpferischste Gruppe gebildet. Vor der Oktoberrevolution waren sie an zahlreichen Arbeitskämpfen und Streiks beteiligt, am 8. März 1914 hatten sie, zum ersten Mal in Rußland, die Feier des internationalen Frauentages in die Wege geleitet, der mit einer eindrucksvollen Kundgebung und dem Absingen revolutionärer Lieder begangen wurde. Menschewiki und Bolschewiki hatten begonnen, die Frauen als politische Kampfgenossinnen ernst zu nehmen. Endgültig akzeptiert wurden sie schließlich, als die bürgerlich-demokratische Februarrevolution, die im Frühjahr 1917 das Regime Kerenskis an die Macht brachte, durch den internationalen Frauentag eingeleitet wurde (der heutige 23. Februar war nach dem zaristischen Kalender der 8. März). An diesem Tag gingen, ohne daß sie von einer revolutionären politischen Organisation mobilisiert und geführt worden wären, 90.000 Textilarbeiterinnen auf die Straße und streikten für „Brot und Frieden". In den folgenden Tagen dehnte sich der Streik auf weitere Teile der Arbeiterschaft aus, bis es am 26. Februar zum bewaffneten Aufstand und zum Generalstreik kam.

In der *Prawda*, der Zeitung der Bolschewiki, erschien das Ereignis unter dem Titel „Ein großer Tag": „Der erste

Tag der Revolution – das ist der Frauentag, der Tag der Arbeiterinnen-Internationale. Ehre der Frau! Ehre der Internationale! Als erste betraten die Frauen die Straßen Petrograds an ihrem Tage. In Moskau haben die Frauen an diesem Tage vielfach die Haltung des Militärs entschieden: sie gingen in die Kasernen, überredeten die Soldaten, auf die Seite der Revolution zu treten, und die Soldaten folgten ihnen. Ehre der Frau!"[19].

Obwohl eine allgemeine Kriegsmüdigkeit herrschte und Rußland sich in einer tiefen wirtschaflichen, sozialen und politischen Krise befand, ignorierte die Provisorische Regierung unter Kerenski die Forderung des Volkes nach Frieden. Die Massen wandten sich immer stärker den Parolen der Bolschewiki zu, die als einzige politische Organisation für einen sofortigen Friedenschluß und für die entschädigungslose Enteignung des Großgrundbesitzes eintraten. Am 24. und 25. Oktober 1917 gelang es, die provisorische Regierung zu stürzen; Kerenski konnte fliehen, während einige Mitglieder seiner Regierung verhaftet wurden. Zunächst übernahm der Petrograder Sowjet die Macht.

Vierhundert lokale Sowjets waren auf dem zweiten Gesamtrussischen Sowjetkongreß der Arbeiter- und Soldatendeputierten, der am 25. und 26. Oktober in Petersburg stattfand, vertreten; die Bolschewiki besaßen die absolute Mehrheit. Man beschloß die Umwandlung Rußlands in eine Räterepublik und verabschiedete zwei wichtige Dekrete, die dem politischen Willen der Bevölkerung entsprachen: über den Frieden und über Grund und Boden. Weiterhin wurde eine provisorische Arbeiter- und Bauernregierung, der sogenannte Rat der Volkskommissare, gebildet und ein gesamtrussisches Zentralexekutivkomitee gewählt. In diesem ersten Rat der Volkskommissare bekleidete Kollontai die Stellung einer Volkskommissarin für soziale Fürsorge; sie war damit die erste Frau in der Geschichte, die in einen hohen Regierungsposten gewählt wurde.

Im März 1917 war Kollontai nach Rußland zurückgekehrt, um dort im Sinne der Bolschewiki Agitation zu betreiben. Sie wurde Mitarbeiterin der Zeitungen *Prawda* („Die Wahrheit") und *Rabotniza* („Die Arbeiterin") und zugleich bolschewistische Deputierte im Petrograder Arbeiter- und Bauernsowjet, der als eine Art Parlament die Regierung kontrollierte und zunächst von Menschewiki und Sozialrevolutionären beherrscht wurde. Als im Juli 1917 Hunderttausende in Petersburg gegen die Provisorische Regierung demonstrierten und ihren Rücktritt verlangten, reagierte das Regime mit Waffengewalt und Verhaftungen. Kollontai, die überall dort, wo sich eine unzufriedene Menschenmenge versammelte, als Rednerin bekannt und beliebt war und entschieden für die Sache der Bolschewiki eintrat, war der Regierung Kerenski schon längst ein Dorn im Auge; nach ihrer Rückkehr von der Konferenz der Zimmerwalder Gruppe in Stockholm im Juli wurde sie an der Grenze verhaftet. Erst Ende August wurde sie, u.a. auf Ersuchen des Schriftstellers Maxim Gorki, gegen eine Kaution von 5.000 Rubeln aus der Haft entlassen, jedoch sofort unter Hausarrest gestellt. In der Zwischenzeit hatte man sie ins Zentralkomitee ihrer Partei gewählt.

Nach der Machtübernahme waren die Bolschewiki damit beschäftigt, zunächst die dringlichsten Maßnahmen, die sie versprochen hatten, durchzuführen. Die staatliche Bürokratie hatte sich in den Monaten zwischen Februar und Oktober eher passiv verhalten und die weitere politische Entwicklung abgewartet. Als Kollontai ihre Tätigkeit als Volkskommissarin für soziale Fürsorge aufnahm, sabotierten die meisten Beamten die Arbeit, nur wenige erklärten sich bereit, mit den Bolschewiki zu kooperieren. Überdies fehlte es an Geld, so daß sich Kollontai massiven Problemen gegenübersah. Eine der ersten Maßnahmen, die sie veranlaßte, bestand darin, die zahlreichen Kriegsinvaliden zu versorgen und unterzubringen. Da es an geeigneten Gebäuden für die Unterbringung der Kriegsversehrten fehlte, beschloß Kollontai, das von nur noch wenigen Mönchen bewohnte Alexander-Newski-Kloster für ihre Zwecke zu requirieren. Die Mönche weigerten sich, den Kriegsversehrten Platz einzuräumen, und es kam zu Schießereien. Eine Gruppe gläubiger Frauen und Priester fand sich spontan zu einer Prozession zusammen, um gegen den „Gewaltakt" der neuen Regierung zu protestieren. Während Kollontai der Ansicht war, in einer sozialen Notsituation dürfe man auch vor Klostermauern nicht haltmachen, war Lenin aus politischen Gründen gewillt, auf die religiösen Gefühle der Bevölkerung Rücksicht zu nehmen, die von dieser Aktion, nur wenige Tage nach der Machtübernahme durch die Bolschewiki, entsetzt war. Er kritisierte Kollontai scharf wegen der Eigenmächtigkeit ihres Vorgehens. Daß die neue Volkskommissarin, längst als „Walküre der Revolution" verschrien, unter den Bannfluch der Kirche geriet, war ohnehin nicht verwunderlich.

Der geschilderte Vorfall hatte freilich zur Folge, daß die Frage der Trennung von Kirche und Staat alsbald in den Vordergrund rückte – nur wenige Tage später wurde ein entsprechendes Dekret erlassen, das diese Trennung festschrieb. Die Kriegsinvaliden mußten an anderen Orten untergebracht werden.

Auch auf anderen Gebieten war Kollontais neue Tätigkeit von mancherlei Rückschlägen und Sabotageakten begleitet. Als Expertin für Mutterschutz hielt Kollontai Vorträge vor Arbeiterinnen und Parteigenossen, in denen sie um Verständnis und Unterstützung für ihre Ideen warb, die den Frauen die Last der Mutterschaft erleichtern und die arbeitenden Mütter unterstützen sollten. Vom 12. bis 15. November 1917 fand eine erste Konferenz von Arbeiterinnen statt, an der auch Vertreter der Sowjets sowie der Volkskommissariate für soziale Fürsorge und für Arbeit teilnahmen. „Die Sowjetmacht war die erste Macht der Welt, die offiziell, in Gesetzen, die Mutterschaft als soziale Funktion der Frau anerkannte und auf Grund der Tatsache, daß in einer Republik der Werktätigen die Frau stets in gewisser Weise die Pflicht haben wird, für die Gesellschaft zu arbeiten, die Lösung des Problems von diesem Standpunkt aus in Angriff nahm" [20]. Man gründete eigens eine Abteilung, der es oblag, für den Schutz von Mutter und Kind zu sorgen. Zu diesem Zweck wurde ein „Palast für Mutter und Kind" errichtet, zu dem ein Palast des Kleinkindes (ein ehemaliges Findelhaus), ein Palast der Mutter (ein ehemaliges Institut für Geburtshilfe und Gynäkologie), Mütterberatungsstellen, Kinderkrippen, eine Milchküche und schließlich ein Museum des Schutzes von Mutter und Kind gehörten. Auch in diesem Fall geriet Kollontai in die Schußlinie der Kirche und der Gläubigen – man bezeichnete sie als die Inkarnation des „Antichristen" –, hatte sie es doch gewagt, aus den Gebäuden, die den „Palast für Mutter und Kind" bilden sollten, Ikonen und sonstige religiöse Symbole fortschaffen zu lassen.

Eines Nachts brach an mehreren Stellen des „Palastes" Feuer aus – es roch nach Sabotage und Brandstiftung.

Am 18. Dezember 1917 wurde ein Dekret über die Gleichstellung der Frau verabschiedet – im politischen Selbstverständnis der Bolschewiki war dieser Schritt von vorrangiger Bedeutung. Lenin hob hervor, daß die gesetzliche Grundlage für die Gleichstellung der Frau nur ein Anfang, daß die Beseitigung bürgerlicher Einrichtungen lediglich die „Ebnung des Bodens" bedeute und keineswegs schon die tatsächliche Befreiung der Frau sei. Für ihn war die Unterdrückung der Frau in erster Linie in ihrer Existenz als „Haussklavin" begründet, die von „der Kleinarbeit der Hauswirtschaft, die sie an die Küche und an das Kinderzimmer fesselt und die ihre Schaffenskraft durch eine geradezu barbarisch unproduktive, kleinliche, entnervende, abstumpfende, niederdrückende Arbeit vergeuden läßt", absorbiert wird[21]. Die praktische Befreiung der Frau sah er nur realisierbar durch massenhafte Umgestaltung hauswirtschaftlicher Kleinarbeit zum vergesellschafteten Großhaushalt, also durch Gründung von Gemeinschaftsküchen und öffentlichen Speisehäusern, von Wasch- und Reparaturanstalten, Krippen, Kindergärten, Kinderheimen und Erziehungsinstitutionen verschiedenster Art[22]. Die Arbeitskraft der Frau sollte ganz dem Aufbau des sozialistischen Staats zur Verfügung stehen, zur Erhöhung ihrer beruflichen Leistungsfähigkeit sollten den Frauen alle Bildungseinrichtungen geöffnet werden. Daß das Ziel der Gleichberechtigung von Mann und Frau nur zu erreichen sei, wenn auch ein großes Stück Erziehungsarbeit an den Männern geleistet würde, die an dem alten Herrenstandpunkt festhielten, Hausarbeit sei „Weiberarbeit", die gegen „das Recht und die Würde des Mannes" verstoße, schien Lenin klar zu sein, jedenfalls sagte er in dieser Hinsicht den Männern den Kampf an[23]. Auf diese Weise, so Lenins Hoffnung, werde es gelingen, die Frauen zu politisieren, sie an den Angelegenheiten des Staates gleichberechtigt zu beteiligen und sie wie die Männer dahin zu bringen, massenhaft in Partei und Gewerkschaften einzutreten.

In den Gesprächen, die Lenin im Jahre 1920 mit Clara Zetkin über die Befreiung der Frau führte, legte er dar, daß die Verwirklichung einer kommunistischen Gesellschaft ohne die völlige Gleichstellung der einen Hälfte der Menschheit ein Ding der Unmöglichkeit sei. Wie man vorzugehen habe, um die geforderte Gleichstellung zu erreichen – dazu äußerte sich Lenin folgendermaßen: „Die unpolitische, unsoziale, rückständige Psyche dieser Frauenmassen, ihr isolierender Betätigungskreis, der gesamte Zuschnitt ihres Lebens sind Tatsachen. ... Wir brauchen eigene Organe zur Arbeit unter ihnen, insbesondere Agitationsmethoden und Organisationsformen"[24]. Selbstverständlich schwebte Lenin vor, daß solche Organe nur innerhalb der Partei eingerichtet würden, aber es ist doch immerhin bemerkenswert, mit welchem Einsatz er, gegen die Haltung der meisten Genossen, für die Belange der Frauen focht. In dieser Frage wußte er sich mit Kollontai einig.

Die Einführung der allgemeinen Arbeitspflicht in der jungen Sowjetrepublik bedeutete einen wichtigen Schritt zur Emanzipation der Frau. Schon während des Ersten Weltkrieges war die Zahl der in der industriellen Produktion beschäftigten Frauen stark angewachsen, nach einer 1918 durchgeführten Zählung waren inzwischen 40 Prozent aller Arbeiter und Angestellten weiblichen Geschlechts[25]. Lediglich Personen unter 16 und über 50 Jahren sowie Invaliden waren von der allgemeinen Arbeitspflicht ausgenommen. Diese neue Regelung hielt Kollontai für die wichtigste Errungenschaft der Revolution: „Dieses Gesetz hat im Leben der Frau zu einer Veränderung ohne Beispiel in der bisherigen Geschichte geführt. Es hat die Rolle der Frau in Gesellschaft, Staat und Familie wesentlich stärker verändert als all die anderen Dekrete seit der Oktoberrevolution, die die politische und staatsbürgerliche Gleichberechtigung der Frau verkündigten. Wie z. B. das Recht der Frauen, in Arbeiterräte und sonstige Volksvertretungen gewählt zu werden oder aber auch das neue Eherecht vom 18. und 19. Dezember 1917, in dem festgestellt wird, daß die Ehe eine Partnerschaft zwischen gleichberechtigten Individuen ist. Diese Rechtsnorm bedeutet eigentlich nur eine formale Gleichheit vor dem Gesetz; in Wirklichkeit wurde die Frau jedoch aufgrund der noch bestehenden bürgerlichen Traditionen weiterhin diskriminiert und entmündigt. ... Erst durch die allgemeine Arbeitspflicht veränderte sich die Rolle der Frau in der Volkswirtschaft. Sie ist jetzt allgemein als eine Arbeitskraft akzeptiert, die teilnimmt an der gesellschaftlich nützlichen Arbeit für das Kollektiv"[26].

Den existenziellen Fortschritt für die Frau sah Kollontai zum einen darin, daß sie nunmehr, jenseits des privatfamiliären Bereichs, eine gesellschaftlich nützliche wie anerkannte Arbeit leisten konnte, zum anderen darin, daß sie ökonomische Unabhängigkeit vom Mann gewann. Die ökonomische und politische Gleichstellung der Frau war allerdings nur unter dem Vorbehalt zu verwirklichen, daß Mutterschaft als gesellschaftliche Funktion angesehen und deshalb vom Staat geschützt wurde[27]. Dafür hatte Kollontai in ihrer Eigenschaft als Volkskommissarin selber die Grundlage geschaffen, indem sie mit Hilfe einer Gesetzesregelung eine Zentrale für Mutterschafts- und Säuglingsfürsorge einrichtete und für die Umwandlung aller Entbindungsanstalten in unentgeltliche Heime für Mütter- und Säuglingspflege sorgte. Zu den Schutzmaßnahmen gehörten außerdem vier Monate Schwangerschaftsurlaub bei voller Bezahlung, Arbeitsplatzgarantie, Nahrungszulage und vieles mehr.

Im Interesse einer Gesellschaft von Gleichen, freilich auch im Interesse des Überlebens der bolschewistischen Herrschaft, war den weitsichtigeren Männern unter den Bolschewiki klar, daß es unerläßlich sei, die Frauen zu Verbündeten der Revolution zu gewinnen. Trotz der durch Weltkrieg, Bürgerkrieg, ausländische Intervention und wirtschaftlichen Boykott äußerst angespannten militärischen und ökonomischen Lage setzte man historisch einmalige soziale Experimente in Gang. Den Achtstundentag und weitere Maßnahmen zum Arbeitsschutz, vor allem für Frauen, hatte man längst durchgesetzt. Die kirchliche Ehe wurde offiziell abgeschafft, gesetzlich genügte hinfort die Zivilehe, auch „registrierte" Ehe genannt. Juristisch waren Mann und Frau dank der neuen Ehe- und Familiengesetzgebung gleichgestellt. Auch die Scheidung, die vorher nur in Ausnahmefällen möglich gewesen war, stand jetzt allen Beteiligten offen. Kostenlos und ohne Schulderörterungen konnte die Ehe auch auf Wunsch nur eines Ehepartners ohne Komplikation wieder aufgelöst werden. Schon 1924 ließen sich in Moskau 71 Prozent der heiratenden Paare nur noch „registrieren", verzichteten also auf das noch mögliche private kirchliche Begleitzeremoniell (auf dem Land freilich sahen die Verhältnisse noch anders aus). Uneheliche Kinder wurden den ehelichen rechtlich gleichgestellt, womit Kollontai ein frühes Kampfziel realisiert hatte. In der Frage der Namengebung wurden alle nur denkbaren Möglichkeiten zugelassen, die entsprechend flexibel genutzt wurden. Das Prinzip der Gütertrennung, die gegenseitige Unterhaltspflicht sowie das neu eingeführte Recht auf Alimente erwiesen sich im Laufe der Zeit als korrekturbedürftig und wurden in den Jahren nach der Revolution Gegenstand scharfer öffentlicher Auseinandersetzungen; deshalb mußte die Ehe- und Familiengesetzgebung nach mehrjähriger Erfahrung in einigen Bereichen modifiziert werden. Unter anderem wurde 1927 die häufig praktizierte „faktische" Ehe der „registrierten", vor allem im Interesse der Frauen, juristisch gleichgestellt und somit gesellschaftlich legitimiert.

Diese in der Tat bemerkenswerten und für die damalige Zeit avantgardistischen Bemühungen um die Gleichberechtigung der Frau nahmen führende Bolschewiki wie Lenin, Trotzki und Bucharin zum Anlaß, ihrerseits die gesellschaftliche und politische Verantwortung der Frauen anzumahnen. Unter Hinweis auf die zaristische Repression appellierte man an die Frauen, das bolschewistische Regime zu akzeptieren und die hart bedrängte Rote Armee im Bürgerkrieg gegen die Armeen der Weißen, der Konterrevolution, tatkräftig zu unterstützen. Zunächst konzentrierten sich diese Appelle auf die Arbeiterinnen, später wandte man sich auch an die rückständigeren Bäuerinnen und erreichte immerhin, daß viele Frauen in den Reihen der Roten Armee mitkämpften oder aber an ihrem freien Sonnabend warme Bekleidung für die Soldaten im Feld anfertigten.

Um überhaupt einen ersten Eindruck von der Einstellung der Masse der russischen Frauen zu erhalten und sie entsprechend mobilisieren zu können, organisierten bolschewistische Frauen, unter ihnen Kollontai, Armand und Samoilowa, mit Unterstützung des Zentralkomitees der Partei im November 1918 den ersten Gesamtrussischen Kongreß der Arbeiterinnen und Bäuerinnen, zu dem 300 Delegierte erwartet wurden. Tatsächlich kamen aber 1.147 Frauen, die auf örtlichen Versammlungen gewählt worden waren und über eine Million werktätiger Frauen repräsentierten. Dieses überwältigende Interesse war schon ein Erfolg für sich, wenngleich die unerwartet hohe Zahl der Teilnehmerinnen für einige organisatorische Probleme sorgte. Auf der Basis einer Resolution des Frauen-Kongresses, auf dem über Familien-, Versicherungs- und Beschäftigungsfragen, auch über brennende Probleme wie das der Prostitution und der Kinderarbeit diskutiert wurde, verabschiedete das ZK der Partei im September 1919 einen Beschluß zur Gründung einer Frauenabteilung, des sogenannten „Shenotdel".

Damit war eine Organisation geschaffen, die Kollontai schon in Deutschland als vorbildlich angesehen hatte – eine gesonderte Abteilung für Frauen, die innerhalb der Vorkriegs-SPD nur dank des preußischen Vereinsgesetzes möglich gewesen war. Trotz der ablehnenden Haltung der meisten Männer unter den Bolschewiki, die ähnlich wie ihre sozialdemokratischen Genossen selbständigen Initiativen und Aktivitäten von Frauen mit Mißtrauen begegneten und die Frauen lieber als Dienerinnen männlicher Politik betrachteten, konnten die „Abteilungen für die Arbeit unter den Frauen" im Laufe des Jahres 1919 ins Leben gerufen werden: „Die Gründung eines speziellen Apparates innerhalb der Partei für Heranziehung der breiten Massen der Frauen zum Aufbau der Räterepublik und zum Kampf für den Kommunismus hat auf solche Weise ihre offizielle Anerkennung von der Partei erhalten"[28].

Aus Protest gegen den Friedensvertrag von Brest-Litowsk, der nach separaten Verhandlungen der russischen Regierung mit Deutschland und seinen Verbündeten zustande gekommen war und wegen der Härte seiner Bedingungen von vielen Kommunisten als Verrat an der Revolution betrachtet wurde, legte Kollontai zusammen mit anderen Bolschewiki, die verantwortliche politische Positionen innehatten, im März 1918 ihr Amt als Volkskommissarin nieder. Sie hatte den erwähnten Frauenkongreß mitorganisiert und sah jetzt in der Gründung einer speziellen Frauenorganisation die Frucht ihrer langjährigen Anstrengungen und zugleich die Voraussetzung für eine weitere erfolgreiche Arbeit unter den Frauen. Allerdings durfte sie die Leitung des „Shenotdel" erst 1920, nach dem Tod von Inès Armand, übernehmen. Zunächst wurde sie, im Frühjahr 1919, an die Bürgerkriegsfront in der Ukraine und auf der Krim geschickt und im Sommer desselben Jahres zur Volkskommissarin für Agitation und Propaganda in der Ukraine ernannt.

Samoilowa und, in erster Linie, Armand leiteten zunächst die Frauenabteilung. Für die erste internationale Konferenz kommunistischer Frauen im Juli 1920 verfaßte Armand einen Bericht, in dem sie die zehn wichtigsten Prinzipien für die Parteiarbeit unter Frauen darlegte. In diesem Bericht hieß es u.a., der „Shenotdel" wolle die Frauen zur politischen Mitarbeit in allen Sowjet-Institutionen motivieren, um sie auf diese Weise aus dem Privatbereich von Haus und Familie herauszuholen, sie wolle Arbeiterinnen und Bäuerinnen auf dem Wege praktischpolitischer Arbeit zu bewußten Kommunistinnen erziehen; die meist unorganisierten Frauen – im Jahre 1920 waren überhaupt nur 9 Prozent der Parteimitglieder weiblichen Geschlechts – sollten über die einzelnen Frauenabteilungen in Kontakt mit der Partei kommen und so unter deren erzieherischem Einfluß stehen.

In der folgenden Zeit richtete man wöchentlich tagende Delegiertenversammlungen ein, zu denen z. B. jede Fabrikbelegschaft pro 25-50 Arbeiterinnen eine für drei Monate gewählte Delegierte entsandte. In diesen wöchentlichen Zusammenkünften ging es um Informationen über die aktuelle politische Situation, um Kontrolle der Einhaltung der gesetzlichen Bestimmungen zum Arbeits- und Mutterschutz, um die Versorgung der Kinder durch Krippen und Kindergärten, um die Verteilung von Nahrungsmitteln, schließlich um die Liquidierung des Analphabetismus, der in Rußland noch immer erschreckend verbreitet war (1920 waren 67 Prozent der Bevölkerung Analphabeten, 76 Prozent davon Frauen). Die Partei wurde aufgefordert, das kulturelle Niveau der Frauen zu heben, Propagandakampagnen gegen die herrschenden Vorurteile gegenüber Frauen und ihrer sozialen Funktion in Familie und Produktion zu führen, religiöse Schranken bei den Frauen niederzureißen und sich speziell um die moslemischen Frauen in den südlichen Regionen der Sowjetunion zu bemühen.

Der „Shenotdel" veranstaltete Kurse für Arbeiterinnen und Bäuerinnen, gab drei Zeitungen heraus, welche die Öffentlichkeit über seine Arbeit und die damit zusammenhängenden Probleme informieren sollten: die schon 1914 gegründete Zeitung *Die Arbeiterin, Die Bäuerin* sowie *Die Delegierte.* Für die Delegierten wurden eigene Fortbildungsveranstaltungen organisiert, bei denen sich auch Kollontai engagierte. So hielt sie 1921 an der Moskauer Swerdlow-Universität 14 Vorlesungen zum Thema „Die Situation der Frau in der gesellschaftlichen Entwicklung". Annemarie Tröger charakterisiert diese Vorlesungen als „ein lebensnahes Dokument über die ersten Jahre der Sowjetrepublik nach der Oktoberrevolution. ... Der Grad der wissenschaftlichen Vollständigkeit und historischen Objektivität dieser Arbeit wurde durch die damaligen ökonomischen und politischen Verhältnisse bestimmt"[29]. Zugleich seien die Vorlesungen die Verteidigungsrede einer hohen bolschewistischen Funktionärin, die damals, im Zusammenhang mit der Arbeiteropposition (von der noch ausführlicher die Rede sein wird), im Mittelpunkt innerparteilicher Auseinandersetzungen stand.

Solche Veranstaltungen zur Hebung des Bildungsniveaus wurden sowohl für die Delegierten und ihre politischen Aufgaben organisiert als auch und im besonderen Maße für die zahlreichen analphabetischen Frauen überall im Lande. Diesen mußten zunächst einmal Lesen und Schreiben beigebracht werden, ehe man darangehen konnte, sie mit Themen aus Politik und Literatur zu konfrontieren. Mit Hilfe dieser Veranstaltungen wurden Frauen nicht nur über allgemeine gesellschaftlich-politische Vorgänge informiert, sondern auch der häuslichen Sphäre, vor allem auf dem traditionell rückständigen Land, entzogen; außerdem lernten sie, sich öffentlich zu artikulieren.

Auch wenn diese generelle Alphabetisierungsarbeit unter den Frauen zunächst noch wenig mit im engeren Sinne politischer Aufklärung und Emanzipation zu tun hatte, so schuf sie doch eine wertvolle Grundlage für künftige Entwicklungen. Zudem hatte die Frauenabteilung beträchtlichen Einfluß auf die sich ändernde Familien- und Sozialgesetzgebung, wie sich z.B. bei der 1920 beschlossenen Legalisierung des Schwangerschaftsabbruchs zeigte. Behindert wurde die Arbeit des „Shenotdel" jedoch immer wieder durch männliche Ressentiments, die sich in unkooperativem, manchmal feindseligem Verhalten der meisten staatlichen Institutionen niederschlugen – die einzige Ausnahme blieb die von Kollontai gegründete Abteilung zum Schutz von Mutter und Kind, die auch nach ihrem Ausscheiden unter der Leitung einer Frau, W. Lebedewa, stand. In einem Bericht aus dem Jahre 1920 über die Arbeit der Frauenabteilung beklagte sich Samoilowa bitter über diesen Zustand.

1921 betätigten sich bereits 60.000 Delegierte, die rund drei Millionen Frauen vertraten, in den einzelnen Abteilungen, wobei die Zahl der ländlichen Frauen ständig zunahm. Aber auch Lenins Unterstützung der Frauenabteilung und der von ihr geleisteten Arbeit – per Dekret hatte er sogar eine, wenn auch bescheidene, Bezahlung der Delegierten bewilligt – konnte nicht verhindern, daß die erfolgreiche Arbeit des „Shenotdel" durch die verbreitete Mißgunst der Männer, innerhalb wie außerhalb der Partei, sabotiert wurde. Zudem versuchte die Partei ständig, ihren Einfluß auf die Frauenabteilung zu verstärken, was schließlich so weit führte, daß Männer wichtige Positionen des „Shenotdel" besetzen konnten. Die immer größer werdende Abhängigkeit von der Partei führte zu erheblichen Differenzen und am Ende dazu, daß im Jahre 1929 die Frauenabteilung ganz aufgelöst wurde. Unter Stalin schwand das politische Interesse an selbständiger Frauenarbeit. Im Zeichen des Fünfjahresplans waren an erster

Stelle Tugenden wie Unterordnung, heroischer Arbeitseinsatz und Selbstdisziplin gefragt. Nur in einer Hinsicht wurden jetzt Frauen und Männer gleich gefordert und gleich behandelt: als Arbeitskräfte, die durch hohen Einsatz die Produktivität steigern sollten. Auch die weiblichen Aktivisten gaben der geforderten Parteidisziplin und der Unterstützung der Stalinschen Politik und Ökonomie zunehmend Vorrang vor dem Interesse an der gesellschaftlichen Befreiung der Frau. In dem Maße, wie sich das Regime Stalins monolithisch und „widerspruchsfrei" etablierte, geriet die von Kollontai so energisch und zielstrebig betriebene Emanzipation der Frau ins Hintertreffen[30].

# II. Alexandra Kollontai in ihren theoretischen und belletristischen Schriften

## Vom Objekt zum Subjekt: Die „neue Frau"

Mit ihrer Schrift *Die neue Moral und die Arbeiterklasse* (1918) rührte Kollontai an ein Tabu, indem sie das kommunistische Dogma in Frage stellte, demgemäß die Befreiung der Frau ausschließlich und gleichsam automatisch aufgrund ökonomischer Veränderungen erfolge. Sie bezog in ihre Überlegungen eine Thematik ein, die gemeinhin der bürgerlichen Frauenbewegung zugeordnet wurde: nämlich Fragen der Identität und der Sexualmoral.

Während das erste Kapitel des Buches eher einer literaturwissenschaftlichen Abhandlung gleicht, in der Kollontai anhand von Beispielen aus der neueren Literatur den Typus der neuen Frau charakterisiert, setzt sich das zweite Kapitel mit der Kritik ihrer Zeitgenossin Grete Meisel-Heß an der bürgerlichen Sexualmoral auseinander; Kollontai übernimmt hier Meisel-Heß' Vorschläge zur Veränderung der bestehenden Verhältnisse in ihren Entwurf einer proletarischen Liebes- und Sexualmoral, den sie im abschließenden dritten Kapitel ihres Buches erläutert. Sie geht davon aus, daß eine revolutionäre Gesellschaft wie die sowjetische eine „neue Frau" zwangsläufig hervorbringen und weiterentwickeln müsse, um die ihr gestellten sozialen Aufgaben bewältigen zu können.

Bisher gab es vier Typen von Frauen: die betrogene Ehefrau, die betrügende Ehefrau, die „alte Jungfer" und die Liebespriesterin. Jetzt wird ein fünfter, unbekannter Typus eingeführt: die „ledige Frau", die sich gegen die allseitige Versklavung durch Familie, Gesellschaft und Staat zur Wehr setzt, die keine untergeordnete Rolle spielen oder gar purer Reflex des Mannes sein will, sondern kämpferisch für ihre Rechte eintritt: Diese Frau „ist im Innern unabhängig und im Äußern selbständig"[1]. Den neuen Typus, wie er im Leben existiert, sieht Kollontai in der Literatur widergespiegelt[2].

Aus rund dreißig Werken der neueren, nicht nur russischen Literatur werden „Heldinnen" vorgestellt, analysiert und zu Zeuginnen der Entwicklung gemacht – Frauen, die aus proletarischen, bürgerlichen und künstlerischen Berufen stammen. Häufig sind diese Heldinnen „Übergangswesen", d.h. sie werden immer wieder von atavistischen Neigungen wie Selbstverleugnung, Selbstentäußerung, Identitätsverlust in der Liebe heimgesucht, die bekämpft werden müssen[3]. Bemerkenswert ist der Hinweis Kollontais, daß es sich bei den von ihr aufgeführten literarischen Werken oft um künstlerisch wenig anspruchsvolle Bücher handle, denen es mehr auf inhaltliche als auf formale Gestaltung ankomme. „Seitdem die Schriftstellerinnen nicht mehr blind den männlichen Vorbildern folgen, ... seitdem die Schriftstellerinnen ihre eigene Sprache zu sprechen anfingen – eine ganz weibliche Sprache –, werden ihre Werke, wenn sie zuweilen auch die äußere künstlerische Schönheit vermissen lassen, besonders wert- und bedeutungsvoll"[4]. Als Material zum Studium der neuen Frau schätzt Kollontai die ungekünstelte, wahrheitsgetreue Darstellung, bei der ästhetische Probleme in den Hintergrund treten.

Zunächst untersucht Kollontai die Charaktereigentümlichkeiten bzw. die innere Physiognomie derjenigen Frauen, die man der Klasse der „ledigen Frau" zuordnen kann. Unter „ledig", das stets in Anführungszeichen erscheint, versteht sie keineswegs die unverheiratete Frau, vielmehr die unabhängige und selbständige Frau – auch eine Ehefrau kann also dieser Klasse zugerechnet werden, sofern sie den Attributen „unabhängig" und „selbständig" gerecht wird. Häufig ist einfach von der „neuen Frau" die Rede, wenn die „ledige Frau" gemeint ist.

Damit sich die Frauen den veränderten sozialen und wirtschaftlichen Verhältnissen anzupassen vermögen, muß nach Kollontais Vorstellung die weibliche Psyche umgestaltet werden, was zum Teil schon gelungen sei: „Die gegenwärtige Literatur" – die ja laut Kollontai die Realität getreulich widerspiegelt – „wird immer reicher an Frauengestalten des Übergangstypus, an Heldinnen, mit Zügen sowohl der alten wie der neuen Frau ausgestattet". Dieser Typus muß einen Kampf an zwei Fronten gleichzeitig führen – „mit der Außenwelt und mit den tief in ihnen selbst sitzenden Neigungen ihrer Urgroßmütter"[5]. Als die typischste Eigenschaft der Frau der Vergangenheit bezeichnet Kollontai die Vorherrschaft der Gefühle, die Orientierung an Liebe und Liebeserlebnissen; Frauen, die sich dieser Orientierung überlassen, sind „Weibchen". Zum „Weibchen" gehört auch eine übersteigerte und eigentümliche Form von Eifersucht, die ihren extremen Ausdruck in „Weiberrache" findet. „Die Gegenwartsverhältnisse fordern von jeder Frau, die ein Gewerbe, einen Beruf, eine Arbeit irgendwelcher Art außer dem Hause ausübt, so viel innere Selbstdisziplin, so viel Willensfähigkeit, ihre Gefühle zu bekämpfen, wie sie bei Frauen der Vergangenheit nur als

Ausnahme zu finden waren"[6]. Das eifersüchtige „Weibchen" müsse besiegt werden zugunsten einer gemeinsamen Sprache der Frauen, zugunsten einer Solidarität, die stärker als die Konkurrenz um Besitzrechte an Männern sei.

Eine solcherart selbstdisziplinierte Frau stellt natürlich auch viel höhere Anforderungen an den Mann als bisher — das ist ein weiteres Charakteristikum der neuen Frau: „Die zeitgenössische Frau ist anspruchsvoll, sie sucht und fordert Beachtung ihrer Persönlichkeit, ihrer Seele"[7]. Wenn ein Mann unfähig ist, für den materiellen Unterhalt zu sorgen, wenn er in äußeren Dingen unachtsam gegenüber der Frau ist, ja sogar, wenn er ihr untreu wird — all das sind Kollontai zufolge verzeihliche Sünden. Wenn aber der Mann die Frau in ihrer Entwicklung und Bildung ignoriert oder behindert, wenn er sie als Person nicht ernst nimmt, so bedeutet das eine tiefe Beleidigung der Frau. Der Mann, der „mit einer durch Jahrhunderte abgestumpften Psychologie in der ersehnten Frau nicht den erwachenden Menschen, die Persönlichkeit zu sehen vermag"[8], ist kein angemessener Partner. Er wird von ihr verlassen oder gar nicht erst gewählt, weil die anspruchsvolle neue Frau ihrem Leben einen anderen Sinn gibt als den der Bindung an und der Unterordnung unter den Mann. „Die neue Frau, die die materielle Last des Lebens selbständig zu tragen gezwungen ist, steht der Form fester Bindung entweder ablehnend oder doch gleichgültig gegenüber. Sie beeilt sich durchaus nicht, ihre Liebesbeziehungen durch eine Form zu bestimmen"[9].

Der Liebe wird hinfort nur noch eine untergeordnete Rolle zugestanden, ähnlich wie im Leben der meisten Männer. An die Stelle der großen Gefühle treten wichtigere Lebensinhalte: „die soziale Idee, die Wissenschaft, der Beruf, das Schaffen"[10]. Nachdem die Frau jahrhundertelang „ausschließlich nach dem Vorrat an weiblichen Tugenden, die die bürgerliche Eigentumsmoral von ihr forderte", bewertet wurde[11], haben wir es nunmehr mit einem Frauentypus zu tun, der sich allen herkömmlichen moralischen Normen entzieht. Die alte Doppelmoral wird von der neuen Frau selbstverständlich strikt abgelehnt; zur Freiheit der Wahl eines Geliebten bzw. von Gefühlen gehört auch, daß die Frau uneheliche Verbindungen eingehen und in solchen Verbindungen Kinder haben kann. Resümierend schreibt Kollontai: „So stellt sich uns die neue Frau dar: Selbstdisziplin statt Gefühlsüberschwang, die Fähigkeit, die eigene Freiheit und Unabhängigkeit zu schätzen statt der unpersönlichen Ergebenheit; die Behauptung der eigenen Individualität statt der naiven Bemühung, das fremde Bild des 'Geliebten' in sich aufzunehmen und zu reflektieren. Das Zur-Schau-Tragen des Rechtes auf Familienglück statt der heuchlerischen Maske der Unberührtheit, endlich Zuweisung der Liebeserlebnisse an einen untergeordneten Platz im Leben. Vor uns steht nicht mehr das 'Weibchen', der Schatten des Mannes – vor uns steht die Persönlichkeit, das Weib als Mensch"[12].

Freilich stammen die „Heldinnen", die Kollontai als Beispiele der zeitgenössischen Literatur entnimmt, weitaus häufiger aus bürgerlichem als aus proletarischem Milieu, obwohl es sie dort schon viel zahlreicher gibt, nur eben namenloser.

An dieser Stelle schlägt Kollontai den Bogen zur Arbeiterin. Im Heer der berufstätigen Frauen – für Europa und Nordamerika nennt sie die Zahl 60 Millionen – bildeten die Arbeiterinnen die absolute Majorität; von ihnen seien mehr als die Hälfte unverheiratet und folglich materiell auf sich gestellt. Die innere Physiognomie der Frau habe sich nur deshalb verändern können, weil die Anzahl der lohnabhängigen weiblichen Arbeitskräfte im Zusammenhang mit der Entwicklung der kapitalistischen Wirtschaft enorm gestiegen sei. Der Kapitalismus habe es geschafft, die Frauen von Haus und Familie zu emanzipieren, bei ihnen Eigenschaften wie Aktivität, Entschlossenheit und Widerstandskraft hervorzubringen, ihre Persönlichkeit zu verändern. „Aber wehe der Arbeiterin, die an die unbesiegbare Macht der einzeln dastehenden Persönlichkeit glaubt. Der Kampfwagen des Kapitals wird sie gleichmütig zermalmen. Diesen Kampfwagen aus dem Wege drängen, das können nur dichtgescharte Massen Aufständischer"[13]. Der Vorteil der proletarischen Frauen gegenüber den bürgerlichen liegt für Kollontai darin, daß ihr Emanzipationsinteresse mit dem kollektiven Interesse des Proletariats zusammenfällt. „Für die Arbeiterklasse bedarf es zur Erfüllung ihrer Mission nicht einer Dienerin des Mannes, ... sondern einer gegen Sklaverei jeder Art sich aufrichtenden, rebellierenden Persönlichkeit, eines aktiven, bewußten, gleichberechtigten Mitgliedes der Gemeinschaft, der Klasse"[14]. Während die bürgerliche Frau, welche sich gegen die Herrschaft des Mannes empört, in ihrem Protest individualistisch, unfähig zu Solidarität und Kameradschaft mit anderen Frauen bleibe, kämpfe die Proletarierin „unter dem Druck des Unvermeidlichen"[15] im solidarischen Kollektiv und sei somit Anwältin eines allgemeinen gesellschaftlichen Emanzipationsinteresses: „Indem sie sich selbst befreien, geben die neuen, erwerbstätigen ledigen Frauen auch dem durch die Jahrhunderte geschmiedeten passiv-rückständigen Geist ihrer zeitgenössischen Schwestern die Freiheit"[16].

Kollontais Schrift ist von einem Optimismus durchtränkt, der heute, nach so vielen Enttäuschungserfahrungen, eher befremdlich erscheint. Die von ihr formulierte gesellschaftliche und feministische Utopie findet ihren prägnantesten Ausdruck in dem Satz: „Die Frau verwandelt sich aus einem Objekt der Tragödie der männlichen Seele nach und nach in das Subjekt einer selbständigen Tragödie"[17].

In ihrer Kritik der bürgerlichen Sexualmoral bezieht sich Kollontai auf das im Jahre 1909 von der bürgerlichen Frauenrechtlerin Grete Meisel-Heß veröffentlichte Buch *Die sexuelle Krise.* Diesem radikalen Buch, dessen Terminologie für heutige Ohren zum Teil sehr anstößig klingt (so zum Beispiel der Ausdruck „Rassenhygiene"), entlehnt sie eine Reihe von Analysen und Forderungen. Meisel-Heß' Gedanken zur „Rassenhygiene" bzw. zur „Reinerhaltung der Rasse" sind jedoch vor dem Hintergrund zu verstehen, daß um die Jahrhundertwende z.B. Geschlechtskrankheiten wie Syphilis epidemisch verbreitet waren. Damals wurden in Deutschland jährlich rund 25.000 syphilitische Kinder geboren[18]. Um diese Katastrophe einzudämmen, versuchte man etwa, die Geburt solcher Kinder, sofern man die Syphilis der Schwangeren nicht erfolgreich behandeln konnte, durch Abtreibung zu verhindern und durch eine bessere soziale Versorgung für eine gesunde Nachkommenschaft zu sorgen. Meisel-Heß und Kollontai benutzten also diese Begriffe unter dem Gesichtspunkt sozialer Hygiene und gesundheitlicher Vorsorge, nicht rassistischer Ideologie.

Die sexuelle Krise, von der Meisel-Heß' Buch handelt, hat viele Ursachen und Erscheinungsformen. Ein zentrales

Problem ist die Doppelmoral der bürgerlichen Gesellschaft, die unvereinbare sexuelle und asexuelle Bereiche definiert. „In welcher Form hat ... die Gesellschaft die sexuelle Sphäre verteilt?" fragt Meisel-Heß. „Wir finden: die Dirne, die in einer Nacht eine ganze Reihe von Männern zu 'versorgen' hat; ihr gegenüber: das unverheiratete jugendliche Weib der 'anständigen' Stände, das sich in wüstenhafter Einsamkeit isoliert findet. Zwischen beiden, abwechselnd im Tag- und Nachtverkehr, der Mann. Und jenseits von Gut und Böse zusammengeschmiedet für 'ewig', auf breitem Pflichtlager, das Ehepaar. ... Zölibat wie Prostitution sind Folgeerscheinungen eines Systems"[19]. Die Kritik von Meisel-Heß zielt in erster Linie auf die Form der legalen Ehe. Diese unauflösbare Beziehung werde in der Regel aus Vernunft- bzw. Konvenienzgründen eingegangen, sie bringe verkrüppelte, reduzierte Menschen hervor, die aufgrund des Zwangscharakters der Ehe eine vergröberte Psyche entwickelten und deren erotisches Bewußtsein auf diese Weise nach und nach verkümmere. Allerdings gebe es dabei einen charakteristischen Unterschied zwischen Männern und Frauen. Männer hätten immer noch die Möglichkeit, ihre erotisch und sexuell unbefriedigende Ehe durch den Gang zur Prostituierten zu „erweitern". Diese Gewohnheit sei jedoch für alle Beteiligten gleichermaßen schlimm: Der Mann gewöhne sich daran, nur noch mit „reduzierten" Ansprüchen an Frauen heranzutreten und auf leidenschaftliche Liebesbegegnungen zu verzichten; die Frau – Ehefrau und Prostituierte – müßte notgedrungen ebenso den Verzicht auf eine erotisch und sexuell befriedigende Beziehung in Kauf nehmen. Einer freien Liebesgemeinschaft wird innerhalb einer derart deformierten Gesellschaft keine dauerhafte Existenzmöglichkeit prognostiziert.

Einen Ausweg aus dieser Misere sieht Meisel-Heß darin, daß die ökonomischen und sozialen Verhältnisse verändert werden und die seelischen Ansprüche der Individuen sich eine neue Richtung suchen. Deshalb fordert sie einen freien, von Besitzdenken unabhängigen Umgang der Geschlechter miteinander. Wie Freud betont Meisel-Heß die Existenz einer Triebnatur, die auf Befriedigung aus ist; und sie untermauert das natürliche Recht auch der Frauen auf Ausleben ihrer sexuellen Bedürfnisse, das ihnen von der herrschenden Sexualmoral bislang verwehrt wurde. Das Ideal der „großen Liebe", in der sich zwei erfahrene, körperlich und seelisch harmonierende Menschen zusammenfinden, sei freilich nur in Ausnahmefällen zu verwirklichen: „Selbst wenn die gleiche Zahl von Männern und Frauen da wäre und die Wirtschaftsverhältnisse besser lägen, würde ein großer Prozentsatz nicht heiraten, weil das eine Komplement, das für ihn bestimmt ist, ihm nicht begegnet"[20]. Deshalb sei es um so notwendiger, daß Männer und Frauen auch schon in ihrer Jugend die Möglichkeit hätten, in freier Wahl ihre Sexualität auszuleben, ohne sich durch die drohende Verpflichtung zur Ehe eingeengt fühlen zu müssen. Kinder, die aus unehelichen Verbindungen hervorgehen, sollten gesellschaftlich anerkannt werden, ebenso wie die uneheliche Mutterschaft, im Sinne einer Rückkehr zum Matriarchat sollten überhaupt Mutter und Kind die natürliche Familieneinheit bilden. Da es weit mehr Frauen als Männer gebe, seien die uneheliche Objektwahl, ein freies „Liebesspiel" und die Selbstverständlichkeit, mit der Frauen im Laufe ihres Lebens Kinder von verschiedenen Männern bekommen, ein Ausweg aus dem allgemeinen sexuellen Elend. „Die Fortpflanzung muß frei werden von der Ummauerung durch die Ehe. Das hindert nicht, daß die Ehe selbst, als vielfach bevorzugte Form der Geschlechtsgemeinschaft, bestehen bleibt, nur als einzige Basis der Generation soll sie nicht ausschließlich Geltung behalten"[21].

Meisel-Heß wird nicht müde hervorzuheben, wie wichtig es sei, ungetrübte sexuelle Erfahrungen zu machen; die Unterdrückung und Einschränkung gerade der weiblichen Sexualität seien eine zentrale Ursache für die soziale Zweitrangigkeit der Frau: „Die ungeheuerliche Überlegenheit des Mannes über das Weib stammt aus seiner sexuellen Freiheit weit mehr, denn aus seinem wirtschaftlichen Übergewicht"[22]. Und wenig später heißt es: „Das geschlechtliche Darben macht die Frauen würdelos, ruhelos, nimmt ihnen Halt und Frieden"[23]. In diesem Zusammenhang bezieht sich Meisel-Heß (was Kollontai nicht wagt) mehrfach auf Freud, dessen Untersuchungen zur Entstehung von Neurosen und Psychosen ihr hinsichtlich der sexuellen Misere der Frauen besonders plausibel erscheinen.

Die Vehemenz, mit welcher Meisel-Heß für ungehemmte erotische und sexuelle Erfahrungen plädiert, mit welcher sie sich für freie Liebesbeziehungen einsetzt, erscheint bei Kollontai wesentlich reservierter – vermutlich auch deshalb, weil sie dem wiederholten Vorwurf entgehen will, ihr seien Sexualität und Erotik wichtiger als die drängenden ökonomischen Veränderungen[24]. Als zentrales Verdienst von Meisel-Heß bezeichnet Kollontai deren Vorschlag, durch eine Erhöhung der menschlichen „Liebespotenzen" die gegenwärtige sexuelle Krise zu überwinden. Erhöhung der Liebespotenzen meint, daß die Seele des Individuums auf dem Feld der Geschlechterbeziehungen durch entsprechende Erziehung und Formung verändert wird. Die „erotische Kameradschaft" und die Ausübung des „Liebesspiels" sollen eine Art Schule der Liebeskunst bilden, die die Individuen dazu befähigt, sich auf die immer noch als Ideal geltende „große Liebe" vorzubereiten. Auch wenn Kollontai das Ideal in der monogamen Verbindung sieht, die auf der „großen Liebe" gründet, so ist sie doch realistisch genug zu erkennen, daß eine solche Liebe nicht unwandelbar ist, daß sie auf Dauer beengend sein kann; deshalb hält sie gerade bei komplizierten Menschen einen Wechsel für unvermeidlich. An die Gesellschaft richtet Kollontai die Forderung, alle Formen von Liebesbeziehungen und Verbindungen anzuerkennen und die Frauen während der Mutterschaft materiell und moralisch zu unterstützen.

In der von Meisel-Heß propagierten „erotischen Kameradschaft" sieht Kollontai eine Lebensform, die nicht zu „Liebestragödien", Besitzdenken, egoistischem Verhalten, zu Versklavung und Abhängigkeit führt, sondern den Menschen hilft, ohne äußeren Druck die Kunst des Liebens zu erlernen. Meisel-Heß und Kollontai beklagen übereinstimmend, daß für den Typus der erotisch wie geistig-seelisch anspruchsvollen neuen Frau noch keine entsprechenden, ihre Persönlichkeit akzeptierenden Männer vorhanden seien. Es werde daher „genügend Arbeit für ein nächstes Jahrhundert" geben[25], damit den veränderten Ansprüchen der Frauen Genüge geschehe.

Kollontai war die einzige unter den Bolschewiki, die ernsthaft versucht hat, eine neue, den revolutionären Veränderungen in der Sowjetunion angemessene Sexualmoral wenigstens in groben Umrissen zu entwickeln. Für sie ist die sexuelle Krise der Gegenwart zum größeren Teil durch äußere Faktoren, nämlich durch die sozialökonomischen Verhältnisse bedingt, zum kleineren Teil durch eine veränderte, verfeinerte Psyche, die bürgerliches Erbe sei[26]. Die Einsamkeit des heutigen Menschen wecke die „krankhafte Gier, sich an die Illusion einer 'verwandten Seele' zu klammern", und zwar mit Hilfe des schlauen Eros[27].

Da die sexuelle Krise „auch eine so bedeutende soziale Schicht wie das heutige Proletariat erfaßt hat, ist um so unverzeihlicher und unbegreiflicher die Gleichgültigkeit, mit der man dieser akuten und brennenden Lebensfrage begegnet. Unter den vielfachen und bedeutenden Aufgaben, die der Arbeiterklasse gestellt sind, befindet sich zweifellos auch die, gesündere und freudvollere Beziehungen zwischen den Geschlechtern zu schaffen"[28]. Kollontai sieht die hierfür nötige grundlegende Reform der menschlichen Psyche in Abhängigkeit von der Umwandlung der bestehenden ökonomischen Verhältnisse in kommunistische. Dafür müßte zunächst einmal die Vorstellung des ungeteilten Besitzrechts der Ehegatten aneinander beseitigt werden. Statt Familieninteressen und -bedürfnisse in den Mittelpunkt des Lebens zu rücken, sei es wichtiger, die Klasseninteressen des Proletariats wahrzunehmen und an ihrer Materialisierung zu arbeiten. Ebenso müsse das uns durch „Jahrhunderte anerzogene Vorurteil von der Ungleichheit und Ungleichwertigkeit der Geschlechter auf allen Gebieten und in allen Sphären des Lebens, einschließlich der sexualen", abgelegt werden[29]. Zusammenfassend schreibt Kollontai: „Der Begriff des Eigentums einer Persönlichkeit an der andern, die Vorstellung von der Unterordnung und Ungleichheit der verschiedenen Mitglieder ein- und derselben Klasse widerspricht der wesentlichsten Grundlage des proletarischen Prinzips – der Kameradschaft"[30]. Freiheit rangiere vor Eigentum, Gleichheit vor Unterordnung – dies sei der im Entstehen begriffene sexualmoralische Kodex der Arbeiterklasse.

Gegen Ende ihrer Schrift setzt sich Kollontai mit dem Vorwurf auseinander, eine proletarische Sexualmoral gehöre zum gesellschaftlichen „Überbau", erst einmal müsse die ökonomische Basis verändert werden, ehe man sich mit Problemen des „Überbaus" beschäftigen könne. Dieser Ansicht hält Kollontai entgegen, daß es hier kein Nacheinander geben dürfe: „Die ganze historische Erfahrung lehrt uns, daß die Herausarbeitung der Ideologie sozialer Gruppen und demzufolge auch ihre Sexualmoral sich schon während des schweren Kampfes dieser Gruppe mit den feindlichen gesellschaftlichen Kräften vollzieht, ... daß nur das Aufdecken der Grundlagen der Moral dieser heraufsteigenden fortgeschrittenen Klasse uns befähigt, uns in dem widerspruchsvollen Chaos der sexuellen Beziehungen zurechtzufinden"[31].

## Die Arbeiteropposition

In den ersten Jahren der Revolution, die von Bürgerkriegswirren und dem „Kriegskommunismus" geprägt waren, ging es der bolschewistischen Regierung vorrangig darum, die angeschlagene Ökonomie Rußlands so zu regulieren, daß mit Hilfe eines Rationierungssystems vor allem die dringendsten Versorgungsprobleme der rasch anwachsenden Roten Armee und der städtischen Bevölkerung gelöst werden konnten. Zu diesem Zweck zwang man die Bauernschaft dazu, Naturalien an den Staat zu liefern; Beschaffungstrupps sorgten dafür, daß die Bauern ihrer Ablieferungspflicht nachkamen (diese Pflicht galt zunächst auch noch nach der Beendigung des Bürgerkriegs). Die so gewonnenen Nahrungsmittel verteilte der kommunistische Staat unentgeltlich an die notleidende Stadtbevölkerung, besonders an die Industriearbeiterschaft, um auf diesem Wege die darniederliegende Industrieproduktion anzukurbeln und die Arbeitsproduktivität zu steigern. Da aber die Bauern für die von ihnen gelieferten Naturalien keine industriellen Warenäquivalente erhielten, traten sie in eine Art Produktionsstreik, indem sie den Anbau von Brotgetreide, Gemüse und Obst immer mehr verringerten.

Das Mißverhältnis zwischen landwirtschaftlicher und industrieller Produktion führte ziemlich rasch zum Zusammenbruch der Naturalwirtschaft. Hinzu kam, daß trotz strengsten staatlichen Verbots sowohl auf dem Land wie in den Fabriken für den Eigenbedarf und den Schwarzmarkt produziert wurde. Außerdem führten Mißernten wie die des Jahres 1920 dazu, daß große Teile der

Bevölkerung von Hunger, Kälte und grassierenden Cholera- und Typhusepidemien heimgesucht wurden. Unter den Arbeitern und Bauern kam es deshalb zu einer Welle von Protesten und Aufständen gegen die Regierung, die Anfang März 1921 in der Erhebung der Kronstädter Matrosen und Soldaten gipfelte. Die hungernde und frierende Bevölkerung forderte eine bessere Versorgung mit Lebensmitteln, die Zulassung des freien – also nicht staatlich regulierten – Handels zwischen Stadt und Land, aber auch Neuwahlen zu den Sowjets und freie Betätigung für alle sozialistischen Organisationen.

In dieser allgemeinen gesellschaftlichen und politischen Krise beschlossen die führenden bolschewistischen Kader, die sog. Neue Ökonomische Politik (NEP) einzuführen, um einen Ausweg aus dem Desaster zu finden. Die Ablieferungspflicht der Bauern wurde durch eine zehnprozentige Naturalsteuer ersetzt, die aber im Zusammenhang mit dem sich rasch entfaltenden Markt- und Geldverkehr in eine Geldsteuer umgewandelt wurde. Über die von ihnen erwirtschafteten Überschüsse durften die Bauern alsbald frei verfügen. Die Rückkehr zu kapitalistischen Wirtschaftspraktiken diente nicht nur dazu, die dringend notwendige Steigerung der agrarischen und industriellen Produktion zu erzielen, sondern auch dazu, die Bauernschaft – um 1920 lebten 80 Prozent der russischen Bevölkerung auf dem Land – als gesellschaftlichen Bündnispartner zurückzugewinnen. Auch im industriellen Sektor besann man sich, trotz Verstaatlichung der Fabriken, auf kapitalistische Prinzipien: früher entlassene Spezialisten wurden jetzt wieder in die Betriebsleitung zurückgeholt, die Einmannleitung wurde erneut eingeführt, das Rentabilitätsprinzip kam wieder zu Ehren, schließlich durften auch wieder Rationalisierungsmaßnahmen ergriffen werden. Dies alles hatte zur Folge, daß es nach der Aufhebung der allgemeinen Arbeitspflicht (Ende 1921) zu Massenentlassungen kam, die in erster Linie die schlechter ausgebildeten Frauen betrafen, zumal nach dem Ende des Bürgerkriegs viele Männer an die alten Arbeitsplätze zurückströmten.

Schon auf dem IX. Parteitag der Kommunistischen Partei Rußlands (KPR), der im Frühjahr 1920 stattfand, hatte sich eine Gruppe von Gewerkschaftern zusammengefunden, die sich für die „kollegiale Leitung" eines Betriebs und gegen die „Einmannleitung" einsetzte. Diese Gruppe nannte sich bald „Arbeiteropposition" und wurde von Alexander Schljapnikow und anderen bekannten Gewerkschaftsführern proletarischer Herkunft geleitet. Mit der Einführung der NEP, die weitgehende Konzessionen an die privaten Wirtschaftsinteressen der Bauern, des Handels und des nichtstaatlichen Kapitals machte, verschärfte sich der Widerspruch der Arbeiteropposition gegen die Abkehr von kommunistischen Prinzipien, die sie als Verrat an der Sache des Proletariats und an den ursprünglichen Zielen der Oktoberrevolution empfand.

Kollontai, die zu jener Zeit Leiterin der Frauenabteilung war, stieß erst Anfang 1921 zur Arbeiteropposition. Vermutlich stand dieser Schritt im Zusammenhang mit ihrem wachsenden Unbehagen an den zunehmenden Bürokratisierungstendenzen in den staatlichen Institutionen, an der einst versprochenen, jetzt aber mehr und mehr geknebelten Arbeiterdemokratie und schließlich der Rehabilitierung kapitalistisch geschulter Betriebsleiter und Spezialisten. Wie geschildert, hatte Kollontai ähnliche Tendenzen in der Vorkriegs-SPD – Hierarchisierung, Isolierung der

Parteispitze gegenüber der Mitgliedschaft, mangelndes Vertrauen der Führer in die Fähigkeiten der Massen – scharf kritisiert. Jetzt war für sie der Zeitpunkt gekommen, die offizielle Politik der Bolschewiki mit dieser Kritik zu konfrontieren. Da sie eine glänzende Rednerin war, während Schljapnikows Begabungen auf anderen Gebieten lagen, avancierte sie bald zur Sprecherin der Arbeiteropposition.

Für Kollontai, die mit Rosa Luxemburg den unerschütterlichen Glauben an die schöpferischen Fähigkeiten der Massen teilte, stand die Frage nach der Rolle und Aufgabe der Gewerkschaften beim Aufbau einer sozialistischen Wirtschaft und generell innerhalb des Sowjetstaats im Zentrum ihrer Kritik an der bolschewistischen Mehrheitsfraktion um Lenin und Trotzki. Auf dem X. Parteitag der KPR im März 1921 trug sie in einem ausführlichen Referat den oppositionellen Standpunkt ihrer Gruppe vor. Schon vorab, im Februar, war ihre Rede gedruckt und in relativ hoher Auflage in Umlauf gebracht worden.

Zunächst erläutert Kollontai, welche Personen zur Arbeiteropposition gehören. Es seien hauptsächlich Gewerkschafter, die sie als diejenigen Arbeiter charakterisiert, „die nicht durch 'Macht', oberflächliche Eitelkeit, die Jagd nach einer 'Sowjetkarriere' oder durch Sowjetbürokratismus korrumpiert werden" konnten, sondern „innerlich mit den Massen, den Arbeitern, mit eben jenen 'unteren Schichten' verbunden (blieben), aus denen sie selbst hervorgegangen sind"[32]. Und sie fährt fort: „Die Arbeiteropposition ist also der fortschrittliche Teil des Proletariats, der nicht die lebendige Verbindung mit den gewerkschaftlich organisierten Arbeitermassen abgebrochen und sich nicht über die Sowjetinstitutionen zerstreut hat"[33]. Kollontai stellt sodann fest, daß in der ersten Zeit der Revolution Arbeitermassen und Parteiführung eins gewesen seien, während inzwischen eine tiefe Kluft zwischen Führung und Massen aufgebrochen sei. Über die Rolle der Gewerkschaften seien innerhalb der bolschewistischen Führungszirkel Meinungsverschiedenheiten aufgetreten, jetzt aber habe sich eine geschlossene Gruppe gebildet, die sich „in den Thesen über die Aufgaben der Gewerkschaft einig ist" und gegen die Ansichten der Mehrheitsfraktion opponiere. Die Gewerkschaftsfrage sei „die zentrale Frage unserer gesamten Innenpolitik"[34], und Kollontai erwägt in rhetorischer Form: „Wer soll die Potenzen der Diktatur des Proletariats auf dem Gebiet des wirtschaftlichen Aufbaus verwirklichen? Sollen es die Organe sein, die ihrer Zusammensetzung nach Klassenorgane sind, die unmittelbar, durch lebendige Bande mit der Produktion verknüpft sind, d.h. also die Gewerkschaften, oder soll es der Sowjetapparat sein, der von der unmittelbaren, lebendigen, wirtschaftlich-produktiven Tätigkeit losgelöst ist und zudem eine gemischte soziale Zusammensetzung aufweist?"[35].

Die Krise der Partei hatte Kollontai zufolge drei Ursachen: 1. Aufbau des Kommunismus und Verwirklichung des Parteiprogramms unter den Bedingungen einer Mangelwirtschaft; 2. Intervention der imperialistischen Mächte und konterrevolutionäre Bestrebungen im eigenen Land; 3. Entwicklung kommunistischer Wirtschaftsformen in einer industriell unterentwickelten Gesellschaft mit vorwiegend bäuerlicher Bevölkerung. „Unsere Partei muß in ihrer sowjetischen Staatspolitik nicht nur mit dem selbständigen Bäuerlein auf dem Dorf und dem spießbürgerlichen Element … in der Stadt rechnen, sondern auch mit dem

Einfluß der Vertreter der Großbourgeoisie in der Gestalt der technischen Spezialisten"[36]. Dabei kritisiert Kollontai weniger die Verwendung solcher Spezialisten als vielmehr den Umstand, daß man ihnen unangemessene Macht einräumt. „Angesichts des ganzen katastrophalen Zustandes unserer Wirtschaft, die immer noch auf dem kapitalistischen System beruht (Bezahlung der Arbeit mit Geld, Tarife, Arbeitskategorien usw.), suchen die Spitzen unserer Partei in einer Anwandlung mangelnden Vertrauens in die schöpferischen Fähigkeiten der Arbeiterkollektive Rettung vor dem wirtschaftlichen Chaos, und zwar bei wem? Bei den Abkömmlingen der bürgerlich-kapitalistischen Vergangenheit, bei den Geschäftsleuten und Technikern"[37]. Diese, erst einmal wieder in wichtige Positionen gelangt, seien schnell dabei, Vorschriften zu erlassen und Druck auf die Parteispitze auszuüben. In dem Wunsch, es allen sozialen Gruppen – Bauern, Arbeitern, Kleinbürgern und den Resten der alten Bourgeoisie – recht zu machen, könne die Partei nur „lavieren" und Fehler begehen.

Daß die Partei nicht den Arbeiter-, Gewerkschafts- und Klassenvereinigungen vertraut, fühlen laut Kollontai die Arbeitermassen: „Mit welchen Worten die beliebtesten Führer der Arbeiter ihre Abweichungen von der klaren Klassenpolitik, ihre Zugeständnisse bald gegenüber dem 'Bäuerlein', bald gegenüber dem Weltkapitalismus, die sich in ihrem Vertrauen zu den Schülern des kapitalistischen Produktionssystems zeigen, auch verbergen mögen, die Massen spüren, wo die Abweichung beginnt"[38]. Weiter bemängelt Kollontai, „daß sich die Ungleichheit zwischen den privilegierten Bevölkerungsgruppen Sowjetrußlands und den einfachen Arbeitern, dem 'Gerüst der Diktatur' des Proletariats, verschärft und vergrößert"[39]. Um die berechtigte, wachsende Unzufriedenheit kümmere sich die Arbeiteropposition, sie unterstütze ihre Forderungen und formuliere, was in den Massen gärt. „Es wird schlecht um die Partei bestellt sein, wenn gerade die Arbeiterklasse als Rückgrat der Diktatur mit der Partei keine Einheit mehr bildet. ... Das wird der Untergang der Revolution sein"[40]. Im Namen der Arbeiteropposition verlangt Kollontai von der Partei, sie solle ihre Fehler eingestehen, den Arbeitermassen wieder Gehör schenken, sich von fremden Elementen reinigen, schließlich zu Demokratie, Meinungsfreiheit und innerparteilicher Kritik zurückkehren[41].

Im Streit um Rolle und Aufgabe der Gewerkschaften in der Periode der Rekonstruktion der Volkswirtschaft stellt Kollontai die Frage, ob der Kommunismus von den Arbeitern oder über ihre Köpfe hinweg von Sowjetbeamten verwirklicht werden solle. Die Arbeiteropposition sei davon überzeugt, daß die Wiederherstellung und Weiterentwicklung der Produktivkräfte Sowjetrußlands nur möglich ist, wenn das Organisationssystem der volkswirtschaftlichen Leitung dahingehend verändert wird, daß die Gewerkschaften an der Leitung der Volkswirtschaft aktiv beteiligt werden. Da im Arbeiterstaat drohende Arbeitslosigkeit und Konkurrenz um qualifizierte Arbeitsplätze als „Arbeitsanreize" entfielen, sei es wichtig, positive Anreize zur Arbeit und zur Erhöhung der Arbeitsproduktivität zu schaffen. Nur die Produktionsverbände der Arbeiterklasse seien in der Lage, „schöpferische Potenzen auf dem Gebiet der Neuorganisation von Wirtschaft und Produktion zu zeigen und zu verwirklichen"[42], während nach Auffassung der Opposition der gemischte, aus Beamten bestehende Wirtschafts- und Sowjetapparat dazu nicht geeignet sei.

Aber die führenden Genossen – und hier greift Kollontai Lenin, Trotzki, Bucharin und Sinowjew persönlich an – seien der Meinung, die Wirtschaftsleitung müsse über die Köpfe der Arbeiter bzw. der Gewerkschaften hinweg mit Hilfe des bürokratischen Systems erfolgen; sie räumten den Gewerkschaften nicht die Führungs-, sondern eher eine Hilfsrolle ein; in den Augen der Führungskader seien die Gewerkschaften dazu da, die Massen zu erziehen, sie pädagogisch an die Leine zu legen: „Aber alle diese Systeme der 'Erziehung' beruhen auf einem Mangel an Spielraum für die Erfahrung, für die Erziehung und Freilegung der schöpferischen Kräfte dessen, der erzogen wird"[43]. Heftig polemisiert Kollontai gegen die von ihr beobachtete „Verwandlung" von Politikern der Führungsspitze in „Pädagogen". In ihrer Kritik fallen Worte wie „Erziehung der Masse mit dem Stock" (bezogen auf Trotzki), „anschaulicher Unterricht nach dem deutschen System Fröbel-Pestalozzi" (bezogen auf Lenin und Sinowjew), „Sandkasten-Demokratie" (bezogen auf Bucharin). „Genosse Trotzki will den obersten Volkswirtschaftsrat so mit den Gewerkschaften 'zusammenwachsen' lassen, daß mit Hilfe des ersteren die letzteren geschluckt werden. Die Genossen Sinowjew und Lenin wollen die Massen der Gewerkschaften so im Geiste des Kommunismus 'erziehen', daß die Gewerkschaften schmerzlos in denselben Sowjetorganen aufgehen werden. Bucharin und alle anderen Thesenverfechter sagen im Grunde dasselbe, sie variieren nur in den Formulierungen, unterscheiden sich nur in Worten. Der Kern ist der gleiche"[44].

Für die Arbeiteropposition lehnt es Kollontai entschieden ab, den obersten Volkswirtschaftsrat und andere bürokratische Organe mit der Leitung der Wirtschaft zu betrauen. Das sei vielmehr genuine Aufgabe der Gewerkschaften, jener Organisation, die von den Produzenten gewählt werde und in engem Kontakt mit den Arbeits- und Lebensbedingungen der Arbeiter stehe. Die Partei müsse jetzt Bedingungen schaffen, die es den Arbeitermassen ermöglichten, ein neues System der Nutzung der Arbeitskräfte, neue Methoden der Arbeitsorganisation und neue Verfahren der Wirtschaftsleitung zu entwickeln. Niemals könnten bürgerliche Spezialisten und Techniker diese schöpferische Initiative entfalten. Die Produzenten – und damit knüpft Kollontai an einen elementaren Gedanken von Marx an – müßten die Planung und Lenkung der Produktion selber in die Hand nehmen: „Den Kommunismus kann man nicht dekretieren. Er kann nur durch lebendiges Suchen, durch zeitweilige Fehler, jedenfalls aber durch die schöpferische Kraft der Arbeiterklasse selbst geschaffen werden"[45].

Es fällt ins Auge, in welch hohem Maße die Kritik Kollontais und der Arbeiteropposition mit jener Kritik konvergiert, die Rosa Luxemburg in ihrer Schrift *Die russische Revolution* bereits 1918 hellsichtig formuliert hatte. Luxemburg hatte frühzeitig die Gefahren erkannt, die der Revolution durch den „Ultrazentralismus" der bolschewistischen Theorie und Praxis, durch den Hang zum Bürokratismus, durch die Einschränkung und Knebelung der sozialistischen Demokratie drohten. Wie später Kollontai forderte sie statt der Diktatur einer Partei oder Clique die „Diktatur der Klasse"; ebenso entschieden wie Kollontai und die Arbeiteropposition lehnte sie die politische Bevormundung und die pädagogische Gängelung des Volkes ab, „das inzwischen treu die Handvoll sozialistischer Diktatoren unterstützt". Die kommunistische Diktatur, heißt es bei Luxemburg, „muß das Werk der Klasse und nicht einer kleinen, führenden Minderheit im Namen der Klasse sein, d. h. sie muß auf Schritt und Tritt aus der aktiven Teilnahme der Massen hervorgehen, unter ihrer unmittelbaren Beeinflussung stehen" [46]. Und ähnlich wie Kollontai war es für Luxemburg von zentraler Bedeutung, daß die Massen autonome Erfahrungen beim Aufbau einer sozialistischen Gesellschaft machen: „Das Negative, den Abbau, kann man dekretieren, den Aufbau, das Positive, nicht. Neuland. Tausend Probleme. Nur Erfahrung ist imstande, zu korrigieren und neue Wege zu eröffnen. ... Die ganze Volksmasse muß daran teilnehmen. Sonst wird der Sozialismus vom grünen Tisch eines Dutzends Intellektueller dekretiert, oktroyiert" [47].

Ganz im Geiste Rosa Luxemburgs kritisiert Kollontai für die Arbeiteropposition den Bürokratismus der Sowjetinstitutionen und die zunehmende Unterdrückung von Meinungs- und Gedankenfreiheit. „Der Bürokratismus ist die direkte Negation der Eigeninitiative der Massen, und deshalb darf, wer das System der Leitung der Arbeiterrepublik prinzipiell so gestaltet sehen will, daß die Massen durch Förderung der Eigeninitiative zu dieser Leistung herangezogen werden, im Bürokratismus weder gute noch schlechte Seiten sehen, sondern er muß dieses untaugliche System schlicht und klar ablehnen" [48]. Also müsse der Bürokratismus auf allen Ebenen bekämpft werden, nicht zuletzt in der Partei selber. Weiter fordert Kollontai die Säuberung der Partei von nichtproletarischen Mitgliedern, insbesondere von solchen, die nach 1919 aufgenommen worden seien. Um die Demokratisierung des Parteilebens zu befördern, schlägt sie vor, alle zentralen Organe mit Arbeitern zu besetzen. Schließlich sollen Ämterhäufung, Vetternwirtschaft, Obrigkeitshörigkeit und Funktionärskult abgeschafft werden. „Die Praxis, von oben her zu benennen, muß beseitigt und durch Wählbarkeit auf allen Ebenen ersetzt werden" [49].

Die Berechtigung bzw. die historische Notwendigkeit einer Opposition in der jungen Sowjetrepublik erklärt Kollontai damit, daß der „Winterschlaf des Denkens", der inzwischen eingetreten sei, unterbrochen werden müsse. Die Partei sei durch das taktische Lavieren zwischen den unterschiedlichen Interessen der Arbeiterklasse, der Bauernschaft, des Kleinbürgertums und der „Spezialisten" in eine tiefe Krise geraten – eine Krise, die sie im internationalen Kampf gegen den Kapitalismus schwäche. Gleichzeitig aber betont Kollontai, daß die Arbeiteropposition trotz aller scharfen Kritik an der Partei und ihrer Führung eine Spaltung nicht wolle [50].

Die Parteispitze sah das freilich anders. Zwar schritt Lenin gegen seine alte und bewährte Mitstreiterin Kollontai nicht offiziell ein; das überließ er dem zweiten Mann innerhalb der sowjetischen Führung, Trotzki, der sowohl gegen Kollontai wie gegen die Arbeiteropposition insgesamt heftig polemisierte und sich sogar zu spöttischen Bemerkungen wie „amazonenhaft" bzw. „walkürenhaft" hinreißen ließ. Lenin forderte im Interesse der Überwindung der Krise, in der sich das Sowjetsystem im Jahre 1921 befand, und der effizienten Durchsetzung der NEP das Verbot jeglicher Fraktionsbildung innerhalb der Partei. Mit diesem Verbot und der damit erzwungenen Einheit der Partei wurde auf dem X. Parteitag der KPR eine Tendenz bekräftigt, die in allen kommunistischen Parteien bis heute unumstößliches Dogma ist: daß Kommunisten gegenüber den Beschlüssen der Parteispitze keine abweichende

Haltung einnehmen – es sei denn, um den Preis des Ausschlusses.

Auf dem Kominternkongreß im Juli 1921 und auf dem XI. Parteitag der KPR im März 1922 versuchte Kollontai ein letztes Mal, den Thesen der Arbeiteropposition öffentlich Gehör zu verschaffen, aber vergebens. Mit ihrem Einsatz für die Opposition, von deren Mitgliedern kaum eines die Stalinschen „Säuberungen" überleben sollte, riskierte Kollontai viel, denn nach dem beschlossenen Fraktionsverbot, dem sie ja noch zweimal zuwidergehandelt hatte, wurde ihr der Parteiausschluß angedroht. Wie für viele überzeugte Kommunisten der ersten Generation – man denke an eine Figur wie Georg Lukács, der sich eher von seinen Einsichten als von der KP trennte – war für Kollontai die Mitgliedschaft in der Partei eine Frage von existentiellem Sein oder Nichtsein; ein Parteiausschluß wäre für sie, die sich sonst so mutig antiinstitutionell zeigte, eine persönliche Tragödie gewesen.

In seinem ansonsten zuverlässigen und informativen Buch *Das Gewissen der Revolution*, das von kommunistischen Oppositionsbewegungen in der Sowjetunion handelt, charakterisiert Robert V. Daniels Alexandra Kollontai im Zusammenhang der Arbeiteropposition und ihrer führenden Mitglieder als „aristokratische Intellektuelle, Emigrantin und ehemalige Menschewikin, ... Geliebte Schljapnikows (und anderer, denn sie predigte nicht nur die freie Liebe, sondern praktizierte sie auch)"[51]. Und er beklagt: „Im Verhältnis zu dem politischen Wirbel, den die Arbeiteropposition entfesselte, ist ihre dokumentarische Hinterlassenschaft dürftig"[52]. Hätte sich Daniels nicht so sehr auf die „aristokratische Intellektuelle" und die „Geliebte Schljapnikows" kapriziert – eine nicht untypische

Optik der männerbeherrschten Geschichtsschreibung –, dann hätte er vielleicht Kollontais Text aus dem Jahre 1921 angemessener gewürdigt. Er enthält die zentralen politischen Vorstellungen und Forderungen der russischen Arbeiteropposition, Vorstellungen und Forderungen, die auch am Ausgang unseres Jahrhunderts keineswegs überholt sind, wie die immer wieder aufflackernden Klassenkämpfe in den osteuropäischen Gesellschaften (DDR 1953, Polen und Ungarn 1956, ČSSR 1967/68, Polen 1970 und 1980) zeigen.

## Auf der Suche nach neuen Moralprinzipien und Lebensformen: Die „neue Frau" in der Belletristik Kollontais

Nachdem einerseits die von den bolschewistischen Führern erhoffte Weltrevolution ausgeblieben war, sich andererseits die junge Sowjetrepublik nach den Wirren des Bürgerkriegs politisch stabilisiert hatte, starrte die Öffentlichkeit der westlichen Welt mit umso zweideutigerem Interesse auf das „Skandalon" Sowjetunion. Aufmerksam beobachtete und kommentierte man in der Presse die Schwierigkeiten und Krisen der neuen Gesellschaftsordnung ebenso wie die in Gang gesetzten Ehe- und Sexualreformen, die für Jahre ein ergiebiger Gegenstand von Erörterungen, Gerüchten und wilden Spekulationen blieben.

Die Chancen und Unsicherheiten, die das gesellschaftliche Experimentieren mit neuen Lebensformen und die Suche nach revolutionären Moralbegriffen nach sich zogen, wurden nicht nur im Alltag von den Menschen erlebt und diskutiert, sie drangen auch in erstaunlichem Ausmaß in die zeitgenössische Literatur ein. Die amerikanische Wissenschaftlerin Louise E. Luke führt in ihrer Untersuchung über *Die marxistische Frau: Sowjetische Varianten* mehr als dreißig Werke verschiedener Autoren auf, die sich mit dem Thema der „neuen Frau" beschäftigen, wobei sie den Zeitraum, in dem die sowjetische Literatur eine verhältnismäßig große Freiheit genoß, „entweder das Leben zu spiegeln oder darauf einzuwirken"[53], etwa bis Mitte der dreißiger Jahre taxiert. Möglicherweise war das Thema sogar eine zeitlang regelrecht Mode. Jedenfalls schätzt Luke diese Literatur als die wichtigste zugängliche Quelle zur Erforschung von Einstellungen und Verhaltensweisen der sowjetischen Frau während der ersten Jahre nach der Revolution ein, und möglicherweise hat sie recht damit, denn Zeitungsberichte aus bürgerlicher oder kommunistischer Sicht scheinen kaum zuverlässiger, und die zugänglichen Statistiken aus jenen Jahren sind oft lückenhaft.

Wenn man sich anschaut, wie ausführlich, facettenreich und radikal die gesellschaftliche Umbruchsituation in der zeitgenössischen Literatur thematisiert wird, wird deutlich, daß es keineswegs nur einzelne waren, die sich mit der „Verwandlung" der Frau und der Veränderung der Sexualmoral und der überkommenen Lebensformen beschäftigten. Daß aber gerade Kollontais Versuche, dieses Problemfeld in belletristischer Form darzustellen, besondere Beachtung gefunden haben, mag damit zusammenhängen, daß sie, als radikale Revolutionärin ohnehin im Blickpunkt, nach dem Scheitern der Arbeiteropposition als erste Frau der Welt in den gehobenen diplomatischen Dienst eingetreten war, der ihren Namen mit einem zusätzlichen Nimbus umgab. Außerdem waren ihre Erzählungen, die 1923 in der Sowjetunion unter dem Titel *Die Liebe der Arbeitsbienen* (und zwei Jahre später unter dem neutralen Titel *Wege der Liebe* in deutscher Übersetzung) erschienen, das erste Buch, das sich literarisch dem Thema der neuen Frau zuwandte; wo und wann immer die Rede von der „freien Liebe" war, fiel der Name Kollontais. Ihr Mut, sich als Frau an ein derart verpöntes Thema heranzuwagen, hat ihr in der Folge mehr als einmal böswillige Unterstellungen eingetragen und sie in die Rolle einer Einzelgängerin gedrängt.

Die Revolutionäre von 1917 gehörten noch einer Generation an, die in der bürgerlichen Gesellschaft und unter dem Diktat ihrer Konventionen aufgewachsen war; insofern waren sie in vielerlei Hinsicht „Übergangswesen". Die Jugend der Revolutionsjahre hingegen war ganz unmittelbar von der Leidenschaft des revolutionären Kampfes geprägt. Sie lehnte die Scheinheiligkeit und Moralheuchelei der gestürzten Gesellschaftsordnung ebenso radikal ab wie Anspruchs- und Besitzdenken in der Liebe. Liebe galt als bürgerliches Märchen. Da dem *Kommunistischen Manifest* zufolge mit der neuen Gesellschaft auch die bürgerliche Familie verschwinden sollte, ging es nunmehr darum, herauszufinden, nach welchen Maßstäben man hinfort leben sollte. Die Gesetze zur Gleichstellung der Frau, die unmittelbar nach den revolutionären Ereignissen von 1917 auf den Weg gebracht worden waren, bildeten ja nur einen Anfang; jetzt ging es darum, die neue Freiheit zu konkretisieren.

Bei der Darstellung der „neuen Frau" kam es Kollontai vor allem auf einen ungekünstelten Stil an, um ihre Absichten so deutlich wie möglich zu machen. Deshalb waren viele Besprechungen ihres Buches hinsichtlich seines ästhetischen Werts ziemlich negativ: „... in der künstlerischen Gestaltung wenig belangvolle Gegenüberstellung", urteilte Erich Mühsam im *Fanal*[54]. In der *Weltbühne* schrieb Ignaz Wrobel (d. i. Kurt Tucholsky): „Frau Kollontai ist sicher eine gute Politikerin, Bücher schreiben kann sie nicht"[55]. Ein anderer Rezensent konzedierte indes: „Doch es liegt Ehrlichkeit in ihren Darstellungen und der Glaube an eine Mission; wir können an ihr nicht vorübergehen, wenn wir ehrlich sein wollen"[56]. Schließlich gab es auch enthusiastische Zustimmung: „Die Überzeugungskraft der drei Kollontaischen Novellen bezieht ihre Energie aus einer überraschenden Profilierungskunst, aus der Fähigkeit plastischer Milieuschilderung, aus einer bewunderungswürdigen, dichterischen Erlebnisintensität und aus einer sehr bemerkenswerten epischen Veranlagung"[57].

Tatsächlich sind die Erzählungen, was ihren künstlerischen Wert betrifft, nicht besonders hoch einzuschätzen, aber Kollontai kam es hauptsächlich auf den Inhalt an. Aufbau, Erzählperspektive (Technik der Rückblende und der Einführung von Rahmenhandlungen) sowie Spannungsbogen sind nicht ungeschickt gewählt, was offensichtlich zum Erfolg der Erzählungen beim breiten Publikum beitrug. Auch eine gewisse Überzeichnung von Charakteren und eine idealisierende Schwarz-Weiß-Malerei bewirkten, daß Kollontais Erzählungen beim Publikum Anklang fanden. „Das erste Buch, das zur Erörterung der sexualethischen Bestrebungen des neuen Rußland zwingt, ist das der Alexandra Kollontai. Frau Kollontai, die die neuen Moralauffassungen und Sexualanschauungen der revolutionären, russischen Jugend genau kennt, weiß sie uns in drei sehr eindrucksvollen Erzählungen zu übermitteln. Diese Novellen … weisen nicht in die Zukunft, stellen keine Endziele auf, sondern beschränken sich darauf, die chaotischen Wirrnisse gegenwärtiger Situation zu spiegeln"[58].

In der ersten Erzählung, „Die Liebe dreier Generationen", rezeptionsgeschichtlich die spektakulärste der drei Erzählungen, schildert Kollontai die Wandlung der Moral- und Sexualbegriffe von drei Frauen, die verschiedenen Generationen zugehören. Großmutter, Mutter und Tochter stellen für ihr jeweiliges soziales Umfeld eine Herausforderung dar. Alle drei sind beruflich und politisch engagiert, die Großmutter als „Volksgängerin", ihre Tochter als frühe Bolschewistin und deren Tochter wiederum als begeisterte Komsomolzin – im Zentrum ihres Lebens steht die (politische) Arbeit. So unkonventionell die drei Frauen sich im Beruf wie in der Politik verhalten, so unkonventionell verlaufen ihre Begegnungen mit Männern. Aber an diesem Punkt beginnen auch schon die Kontroversen.

Die Großmutter Marja, eine frühe Rebellin, hatte gegen den Willen der Eltern den Mann ihrer Wahl und Liebe geheiratet und mit ihm eine Familie gegründet. Als sie sich in einen anderen Mann, einen Arzt, verliebt, der wie sie von „Volksaufklärung" träumt, verläßt sie trotz des fälligen Skandals die Familie und zieht zu dem Mann mit der „gleichgestimmten Seele", der Olgas Vater wird. „Sie war der Ansicht, daß die Rechte der Liebe stärker seien als die Pflichten der Ehe. Die Liebe war ihr etwas Großes und Heiliges, sie verstand nicht, mit Gefühlen zu spielen, und fand das auch unter ihrer Würde."[59] Als ihr Mann nach langen Jahren gemeinsamer Arbeit (und politischer Verbannung) ein Verhältnis mit einer Magd beginnt und diese schwängert, verzichtet sie ohne Vorwurf und Klage auf ihn und widmet sich umso intensiver der Arbeit und ihrer Tochter, ohne eine neue Beziehung zu einem Mann zu suchen.

Olga, der die Mutter als väterliches Erbe Unbeständigkeit in der Liebe prophezeit hat, wird überzeugte Marxistin, lehnt die Ehe aus Prinzip ab, folgt ihrem ersten Gefährten in die Verbannung, flieht schließlich und beginnt ein Verhältnis mit dem Hausherrn der Familie, bei der sie eine Stelle als Hauslehrerin antritt. Ihre gefühlsmäßige Zerrissenheit bespricht sie mit der Mutter, zu der sie während ihrer Schwangerschaft gezogen ist. Konstantin, den verbannten Genossen, liebt und achtet sie eher seelisch, während sie mit ihrem verheirateten Liebhaber M., einem bürgerlichen Liberalen, ein physischer Trieb und auch Liebe verbindet, die sie als anders und stärker als die zu Konstantin erlebt. Die Mutter kann Olgas Gespaltenheit und ihre Beanspruchung zweier Männer nicht nachvollziehen, zumal Olga sich von keinem Mann zu trennen vermag. Zermürbt durch das jahrelange Hin und Her, wobei auch politische Differenzen eine Rolle spielen, beendet sie schließlich beide Beziehungen. Olga klagt darüber, daß sie jetzt ihrerseits in der Situation sei, ihre Tochter Genia nicht verstehen zu können, so wie damals ihre Mutter sie nicht verstanden hat. Sie, die tüchtige Kommunistin mittleren Alters, die sich nie sonderlich für Frauenfragen interessiert hat, schämt sich ihrer, wie sie es nennt, „Weibertragödie", weiß nicht, ob „diese ganze Geschichte nur ein unmittelbares Resultat der Umwälzung aller Begriffe und Lebensverhältnisse (ist), die sich jetzt in Rußland vollzieht, wo neben Großem und Schöpferischem auch viel Gemeines, Dunkles und Böses geschieht. ... Aber zuweilen scheint es mir, daß ich diejenige bin, die Unrecht hat. Daß der Mensch mit der alten Weltauffassung aus mir spricht, daß die Vorurteile der Bourgeoisie tatsächlich in mir vorherrschen, wie meine Tochter Genia behauptet"[60].

Genia ist ein Kind der unruhigen Revolutionsjahre. Sie wuchs bei der Großmutter, der Mutter, bei Freunden auf, lebte in Großbetrieben und an der Front. Inzwischen wohnt sie mit der Mutter und deren jüngerem langjährigen Freund, dem tuberkulosekranken Andrei, zusammen, den Olga im Exil vor der Revolution kennengelernt hat. Genia versteht sich gut mit Andrei, und eines Tages beginnen sie ein sexuelles Verhältnis. Als sie sich schwanger fühlt, teilt sie dieses Ereignis der Mutter mit, ebenso, daß sie nicht wisse, wer von zwei möglichen Männern der Vater sei und daß sie das Kind nicht wolle. Von der Mutter entgeistert zur Rede gestellt, äußert Genia: „Solange wir einander gefallen – sind wir zusammen, vergeht es – so gehen wir auseinander. Keiner hat etwas verloren. ... Nur daß man des Abortes wegen die Arbeit auf zwei, drei Wochen unterbrechen muß, das ist gewiß unangenehm. Aber daran bin ich selbst schuld. In Zukunft werde ich mich besser schützen"[61]. Erst nach dieser Eröffnung ertappt Olga ihren Freund und Genia in flagranti und erfährt, daß er der eine Liebhaber ihrer Tochter ist. Andrei und Genia sind sich keiner Schuld bewußt. In den anschließenden Debatten vertritt Genia all jene radikalen Positionen, die während der frühen Revolutionsjahre zu den Klischeevorstellungen von der neuen Sexualmoral der kommunistischen Jugend Rußlands gehörten: Man ist vollkommen aufrichtig zueinander; wer langweilig oder grob ist, wird verlassen; eine Frau, die sexuell mit einem Mann verkehrt, der ihr gefällt, ist so wenig unmoralisch wie ein Mann, der das tut; seelische und sexuelle Nähe zwischen zwei Menschen nimmt einem Dritten nichts; einen Menschen besitzen zu wollen, ist bürgerlich; die Revolution läßt keine Zeit zum Lieben und zur Kinderaufzucht; es ist wichtig, sich vor Geschlechtskrankheiten zu schützen; angenehm sind zufällige Begegnungen, die glücklich machen und zu nichts verpflichten.

Genia, so erfahren wir, liebt nicht die Männer, mit denen sie schläft, sondern ihre Mutter, Lenin und den verdienten Parteisekretär Gerassim. „Ich kann ohne Mutter nicht leben, ohne ihre Liebe. Und dann ist es auch so schmerzlich, daß diese ganze Geschichte ihrer Arbeitsfähigkeit schadet. Nein! ... Ich will nicht so lieben, wie Mutter geliebt hat. ... Wann soll man dann arbeiten?"[62]. Olga kann das alles nicht begreifen: „Was soll das nun sein? Zügellose Lüsternheit, durch kein moralisches Gesetz eingedämmt, oder Anschauungen, hervorgebracht von dem neuen Leben und geboren aus den Aufgaben der aufbauenden Klasse? Neue Moral? ... Aber hier ist doch gar nichts: nicht Liebe, nicht Leiden, nicht Reue. ... Kaltes Überzeugtsein von ihrem Recht und Bestätigung des Rechtes, Freuden zu pflücken, wo und wie man sie findet. ... Sehen Sie, das ist das Schreckliche. ... Hier ist kein Funken von Herzenswärme, nicht einmal die elementarste Feinfühligkeit einem Menschen gegenüber, und keine Güte. ... Was sind das für Kommunisten?"[63].

Genia, die ihre Mutter nicht verlieren will, zeigt sich vor allem unglücklich darüber, daß sie zum ersten Mal einen Fehler bei Olga entdeckt, weil diese das Recht der Tochter nicht einzusehen vermag; dabei hängt Genia doch an der Mutter und verhält sich höchst verantwortlich gegenüber den Verpflichtungen der Arbeit und der Revolution! Der Konflikt endet mit einem Fragezeichen: „Wer hat Recht – das zukünftige Recht einer neuen Klasse mit den neuen Gefühlen, neuen Begriffen und den neuen Moralanschauungen?"[64].

Die drei von Kollontai dargestellten Frauen sind, jede auf ihre Art, in ihrer Haltung bemerkenswert konsistent. Die jeweilige Überzeugung der Figuren schließt jede andere ein Stück weit aus - wer hat recht? Hartnäckig wurde Genias Glaubensbekenntnis als dasjenige Kollontais gedeutet; die Tatsache, daß alle drei Frauen etwas Richtiges vermitteln und die Erzählung entsprechend angelegt ist, daß die überzeugte Kommunistin Kollontai die Mutterschaft für einen notwendigen Dienst an der Gesellschaft hielt und schon damit Distanz zur Einstellung Genias bekundet, reichte nicht aus, solche Deutungen ad absurdum zu führen. Im Falle Kollontais waren allzu viele Affekte im Spiel, auch wenn sie selber sich immer wieder als „Übergangswesen" definiert hat und ihre Liebesverhältnisse hinlänglich bekannt waren. Dabei ist es Kollontai in ihrer Erzählung durchaus gelungen, anhand dreier konstruierter Figuren und Positionen differenziert darzulegen, wie schwierig es ist, den richtigen Weg zu finden – am Ende bleibt offen, ob Genias Haltung wirklich die zukunftsweisende ist[65]. Die literarische Figur Genias avancierte im übrigen zur bekanntesten Exponentin der sogenannten „Glas-Wasser-Theorie", derzufolge sexuelle Bedürfnisse umstandslos wie der Durst zu befriedigen seien.

In seinen Gesprächen mit Clara Zetkin hat Lenin (der Fragen der Sexualmoral außer mit ihr nur noch mit Inès Armand diskutierte) den Terminus „Glas-Wasser-Theorie" schon ein paar Jahre vorher benutzt. In ständiger Sorge, daß der Sache der bolschewistischen Revolution notwendige Energien verlorengehen könnten, warnte Lenin vor der „jetzt häufig beobachteten Hypertrophie des Sexuellen", die, wie er glaubte, Lebenskraft und -freude nehme[66]. Wohl erkannte er, daß, parallel und im Gefolge der politischen und ökonomischen Umwälzung in Rußland, auch auf dem Gebiet von Ehe und Sexualverhalten sich Veränderungen anbahnen würden, die vor allem die Lage der Frauen und Jugendlichen beträfen; aber zugleich mahnte er, man sollte dies nur nicht zu wichtig nehmen. Nicht nur beunruhigte ihn die drohende Energieverschwendung durch allzu extensive Beschäftigung mit sexuellen Problemen, sondern eben auch jene „Glas-Wasser-

Theorie", die er für zutiefst unmarxistisch und unsozial hielt: „Im sexuellen Leben wirkt sich nicht bloß das Naturgegebene aus, sondern auch das Kulturgewordene, mag es nun hoch oder niedrig sein" [67]. Zwar konzedierte Lenin, daß Durst befriedigt werden wolle. „Aber wird sich der normale Mensch unter normalen Bedingungen in den Straßenkot legen und aus einer Pfütze trinken? Oder auch nur aus einem Glas, dessen Rand fettig von vielen Lippen ist? Wichtiger als alles ist aber die soziale Seite" [68].

Für die „Väter" der Revolution, für Engels, Bebel und Lenin, war mit der Forderung nach Auflösbarkeit einer Ehe ohne Liebe bereits eine Grenze erreicht. Weitergehende Erfahrungen, wie sie in Kollontais Erzählungen die Figur der Genia praktiziert, erschienen mehr als riskant. Statt sich sexuell auszuleben, empfahl Lenin, darin ganz bürgerlicher Puritaner, der Jugend Selbstdisziplin, sportliche Betätigung und die Pflege geistiger Interessen. „Das Proletariat ist eine aufsteigende Klasse. Es braucht nicht den Rausch zur Betäubung oder als Stimulus – sowenig den Rausch sexueller Übersteigerung wie den Rausch durch Alkohol" [69].

An dieser Stelle sei auf einen Artikel hingewiesen, den Kollontai 1923 in der Zeitschrift *Die Neue Generation*[70] unter dem Titel „Die sexuelle Moral und der Kommunismus" veröffentlichte. Ihre in dieser Arbeit dargelegten programmatischen Äußerungen über eine der neuen kommunistischen Gesellschaft angemessene Sexualmoral muten wie eine Synthese von eigenen und Lenins Überzeugungen an. Kollontai stellt hier die unbegrenzte Freiheit sexueller Beziehungen infrage, sie räumt ein, daß ein werktätiges Kollektiv Energien für den Kampf und den Aufbau einer neuen Gesellschaftsordnung brauche und daß eine frühzeitig und ungezügelt ausgelebte Sexualität ebenso schädlich sei wie dauernde Enthaltsamkeit. Wenn sie davon schwärmt, die Jugend zu Solidaritäts- und Sympathiegefühlen im Sinne einer Steigerung der „Liebespotenzen" der Menschheit zu erziehen, Eifersucht und Rivalität als ungesellschaftlichen Trieb zu bekämpfen, um ein glückliches Leben im kommunistischen Kollektiv zu ermöglichen, in dem niemand mehr einsam sein soll – dann handelt es sich um Ziele und Vorstellungen, die in hohem Maße mit denen der sozialistischen „Väter" korrespondieren.

Aber auch solches Einschwenken auf einen gemäßigteren Kurs in der sexualpolitischen Debatte konnte nicht verhindern, daß Kollontais Ruf nachhaltig negativ blieb. Der Nimbus einer „sexuell emanzipierten Kommunistin", die wechselnde Männerbeziehungen einging und die revolutionäre Jugend Rußlands zu hemmungslosen sexuellen Experimenten ermunterte – dieser Nimbus einer Libertären und Jugendverführerin klebt ihrem Namen bis heute hartnäckig an.

In den beiden anderen Erzählungen aus *Wege der Liebe* geht es ebenfalls um den Typus der sich emanzipierenden Frau, nur daß jetzt andere Themen – drohende Arbeitslosigkeit, Abhängigkeit vom Ehemann, Entwürdigung und Prostitution – im Mittelpunkt der Erzählungen stehen. Um jene „neue Frau" auftreten lassen zu können, die sich aus erniedrigenden Lebensverhältnissen befreit und eine autonome Existenz begründet, bedarf es einer negativen Folie, vor deren Hintergrund die „neue Frau" um so plastischer sich abhebt. Deshalb werden in Kollontais Erzählungen die Männer durchweg als unwürdige Kreaturen, als schwach und verdorben dargestellt.

In der Erzählung „Schwestern" schildert Kollontai eine „neue Frau", die einem Beruf nachgeht, der die Arbeit wichtiger ist als die Familie und die insofern dem Typ der unabhängigen Frau entspricht, die aber aufgrund der sich verschlechternden Arbeitsmarktlage in der Phase der NEP ihren Beruf verliert und in ökonomische Abhängigkeit von ihrem Mann gerät. Er, den sie 1917 als Anhänger der Bolschewiki kennengelernt hat, ist Wirtschaftsbeamter. Während der NEP-Zeit verändert er sich immer mehr: Er trinkt, benutzt Parfüm, schlägt sich die Nächte um die Ohren und bringt schließlich gar eine Prostituierte mit nach Hause, die über Nacht bleibt. Während der Mann schläft, treffen sich die beiden Frauen frühmorgens in der Küche. Sie erkennen sich als „Schwestern", die vom Mann abhängig gehalten und ausgebeutet werden. Der Ehefrau wird voller Schrecken klar, daß ihr womöglich das gleiche soziale Schicksal wie ihrer „Schwester" droht, wenn sie keine Arbeit findet und sich von ihrem Mann trennt. Sie verläßt den ihr fremd gewordenen Mann und sucht verzweifelt und erfolglos nach Arbeit. Die Erzählung endet pessimistisch, mit „dem Blick der alleinstehenden Frau, die gegen die alte, überlebte Ordnung des Lebens kämpft" [71].

„Schwestern" reflektiert die Erfahrung, daß trotz revolutionärer Veränderungen, trotz der Gesetze zur Gleichberechtigung die Ausbeutung der Frau durch den Mann und ihre Benachteiligung als Arbeitskraft weiterhin praktiziert wurden. Von der hohen Arbeitslosigkeit im Sowjetrußland der frühen zwanziger Jahre waren in erster Linie die beruflich meist unqualifizierten Frauen betroffen, die Prostitution breitete sich stark aus, obwohl doch die offizielle Propaganda beschwor, Prostitution sei eine Erscheinung, die es nur im Kapitalismus gebe. Deshalb mußten neue

Gesetze und Regelungen geschaffen werden, die der veränderten sozialökonomischen Situation der Frauen in der Phase der NEP gerecht wurden. Aber trotz dieser Maßnahmen gelang es über Jahre nicht, die Lage der Frau wirklich zu verbessern.

An diese Problematik knüpft die dritte und längste Erzählung in *Wege der Liebe*, „Wassilissa Malygina", an. Die Heldin der Geschichte, die Arbeiterin Wasja, stellt ganz anders als die Protagonistinnen der beiden vorherigen Erzählungen den neuen Frauentypus dar. Im Unterschied zur Ehefrau in „Schwestern", vor allem aber zu Genia ist Wasja nicht nur eine tüchtige Arbeiterin und Revolutionärin, sondern auch eine Frau, die sich bereit findet, für den Mann, den sie liebt, einiges zu tun. Erst als Wladimir gegen die Prinzipien von Kameradschaft und Offenheit verstößt, trennt sie sich von ihm.

Wasjas Werdegang erinnert – abgesehen davon, daß sie Arbeiterin ist – an den Kollontais. Sie haßt den Krieg, schließt sich den Bolschewiki an und setzt sich dafür ein, daß die Revolutionäre „Weiberangelegenheiten" ernst nehmen: „... ohne Weiber kann man keine Revolution machen"[72]. Wasja ist äußerst kämpferisch und tritt in öffentlicher Rede für die Sache der Bolschewiki ein. Kollontai hatte immer beklagt, daß Frauen in Versammlungen nicht häufiger das Wort ergriffen – „es war noch eine Seltenheit, daß eine Frau, eine Arbeiterin sprach"[73]; mit Wasja präsentiert Kollontai eine Figur, die im Besitz des notwendigen Selbstbewußtseins ist und insofern die literarische Antizipation dessen darstellt, was der Autorin als gesellschaftliches Ideal der Frau vorschwebt.

Für Wasja und ihren Mann Wladimir, die sich in den turbulenten Oktobertagen des Jahres 1917 kennengelernt hatten, zählt zuerst die Arbeit, erst dann die Liebe. Während der Jahre des Bürgerkriegs sind sie selten zusammen, jeder kämpft und arbeitet an seinem Platz. Wladimir, der vor der Revolution in Amerika war und als „Amerikaner" und „Anarchist" bezeichnet wird (auch wenn er inzwischen längst Parteimitglied geworden ist), mutet seiner aufrichtigen, anhänglichen und naiven Frau einiges zu. Zunächst betrügt er sie mit einer anderen Frau. Aber nicht die Tatsache, „daß er eine andere geküßt hat", schmerzt Wasja, „sondern daß auch die Revolution keine Wahrheit bringt, keine Gerechtigkeit[74]. Sie begreift, „daß die Schwester ihm nicht mehr gegolten hatte als ein Glas Schnaps. Getrunken – vergessen"[75].

In seiner Funktion als Direktor eines Industriebetriebs gerät Wladimir in immer größere Schwierigkeiten. Wasja gibt auf sein Drängen hin ihre Arbeit auf und folgt ihm, der an einem entfernten Ort inzwischen eine hohe Stellung bekleidet. Die einst so tüchtige Arbeiterin und Revolutionärin reagiert verunsichert auf die Tatsache, daß sie jetzt nurmehr Hausfrau und Ehefrau ist und sich immer mehr von ihren ursprünglichen politischen Interessen und Zielen entfernt. Wasja fühlt sich „ohne Beschäftigung, ohne Sorgen, aber auch ohne Freude"[76], während sie erkennt, daß sie sich von einem Mann abhängig gemacht hat, der ihrer Opfer nicht würdig ist. Als sie erfährt, daß Wladimir eine Adlige, ein „Dämchen" zur Geliebten genommen hat, wird sie zunächst von Eifersuchtsgefühlen gepeinigt; schließlich aber trennt sie sich von ihrem korrumpierten Mann. „Ich bin stark. Glaubst du, daß deine Liebe mir der einzige Lebensinhalt ist? Deine Liebe wächst mir zum Hals heraus"[77]. Und sie konstatiert nüchtern: „Die Einsamkeit zu zweit ist schlimmer als das Alleinsein"[78]. Es gelingt Wasja sogar, ihre Rivalin als Schwester zu sehen, die nie gearbeitet hat, keine „neue Frau" ist und insofern einen Mann braucht; sie schreibt ihr einen mitfühlenden Brief. Erst nach der Trennung von Wladimir merkt Wasja, daß sie schwanger ist; eine Abtreibung kommt für sie nicht in Frage, denn hier wächst ein kommunistisches Kind heran, das allen gehört. Partei und Staat werden ihr Kind großziehen: „Wladimir ist nicht da, aber die Partei ist da. ... Wozu brauche ich den Vater? Als ob Männer wirklich 'Väter' wären!"[79].

Die Figur der Wasja, deren Konflikte und Kämpfe in der Erzählung zuweilen ziemlich melodramatisch, ja fast kitschig ausgearbeitet werden, entspricht am ehesten der von Kollontai avisierten „neuen Frau", die freilich mit allerlei „atavistischen" Neigungen zu ringen hat. Wasja ist das, als was Kollontai sich selber sah – ein „Übergangswesen", mit den Narben der Vergangenheit, der alten Gesellschaft und überkommener Lebensformen bedeckt, aber den Blick nach vorn gerichtet. Die Popularität dieser Erzählung spricht dafür, daß sich in der Figur der Wasja viele ihrer Zeitgenossinnen wiedererkennen konnten.

„Wasilissa Malygina" ist ohne Zweifel autobiographisch gefärbt, deshalb mag es an dieser Stelle sinnvoll sein, auf den realen Hintergrund der Erzählung zu verweisen. 1918 ging Kollontai mit dem 17 Jahre jüngeren Pawel Dybenko eine „registrierte" Ehe ein. Sie hatte Dybenko im April 1917 kennengelernt, als sie auf einem Schlachtschiff vor Matrosen der Baltischen Flotte eine Agitationsrede im Auftrag des ZK hielt. Nach dem Oktoberumsturz avancierte Dybenko zu einem der Volkskommissare für Heer und Marine, ein Amt, das er allerdings nur bis März 1918 innehatte, da er, ebenso wie Kollontai, politische Bedenken gegen den Friedensvertrag von Brest-Litowsk hatte und demissionierte. Die Heirat mit Dybenko wie der Umstand, daß er um so viel jünger war als sie, wurden Kollontai immer wieder vorgehalten, obwohl sie in ihrer Schrift *Die neue Moral und die Arbeiterklasse* geschrieben hatte: „Das Ideal bleibt die monogame Verbindung, begründet auf der großen Liebe. Aber nicht unwandelbar und beengend. Je komplizierter die Psyche des betreffenden Menschen, umso unvermeidlicher der Wechsel"[80]. Isabel de Palencia, die Kollontai persönlich kannte und 1947 eine Biographie[81] über sie veröffentlichte, behauptet, Dybenko habe auf eine Eheschließung gedrängt, um zu erreichen, daß sie politisch gemeinsam eingesetzt würden, z. B. an der Front und auf Agitationsreisen; auch habe Dybenko die Ehe als Liebesbeweis gefordert, da er ursprünglich nur einfacher Matrose war, während er in Kollontai die berühmte, ihm bildungsmäßig weit überlegene Revolutionärin sah. Allerdings läßt sich die Eheschließung auch als Konzession eines prominenten Paars an die neuen Ehegesetze Sowjetrußlands deuten.

Die Ehe hielt nicht sehr lange. Offenbar nahm sie eine ähnliche Entwicklung wie die, die Kollontai in ihrer Erzählung beschrieben hat. Zudem stand sie von vornherein unter dem Unstern einer mißgünstigen und heuchlerischen Umwelt, die es Kollontai nicht verzieh, daß sie sich in einen wesentlich jüngeren Mann verliebt hatte. In diesem Zusammenhang erinnert man sich an Clara Zetkin, die als 42-jährige den um 18 Jahre jüngeren Maler Georg Friedrich Zundel heiratete – eine Tatsache, die die sozialdemokratische Parteiführung seinerzeit erheblich irritierte. Wie dort zeigte sich auch im Fall Kollontais das hartnäckige Überleben bürgerlicher Moralvorstellungen in den Köpfen von Sozialisten und Kommunisten.

Im selben Jahr, in dem der Band *Wege der Liebe* erschien, publizierte Kollontai unter dem Titel *Frau im Umbruch. Psychologische Etüden* drei weitere Erzählungen: „Eine große Liebe", „32 Seiten" und „Ein belauschtes Gespräch". Zu Recht macht Helene Imendörffer in ihrem Beitrag zum literarischen „Scheitern" Kollontais darauf aufmerksam, daß es sich bei der Erzählung „Eine große Liebe" um Trivialliteratur reinsten Wassers handelt, deren Kennzeichen kurze Sätze, eingeschränkter Wortschatz, klischeehafte Bilder und Redewendungen, Redundanz und leichte Verständlichkeit sind[82]. Aber wir wissen, daß Kollontai in ihren Erzählungen dem didaktischen Interesse zuliebe alle anderen Erwägungen zurückstellte. Sie wollte belehren und machte aus dieser Haltung kein Hehl.

Die drei Erzählungen des Buches handeln von intellektuellen Frauen, und man könnte sagen, daß die dargelegte Problematik, sieht man von einigen zeit- und gesellschaftstypischen Umständen ab, zeit- und klassenübergreifend entfaltet wird. Solche Abstraktheit mag ein Grund dafür sein, daß dieser weitere Versuch Kollontais, dic Emanzipationsthematik in literarischer Form zu gestalten, von der Öffentlichkeit nicht so interessiert aufgenommen wurde wie *Wege der Liebe*, ein Buch, das nicht zuletzt deshalb so großen Anklang fand, weil es die Sexualmoral der arbeitenden Massen in den Mittelpunkt rückte. Daß Kollontai jetzt durchweg die Konflikte intellektuell tätiger, schreibender Frauen thematisiert, hat vermutlich einen autobiographischen Hintergrund. Als alleinstehende und, wie Fotografien jener Zeit zeigen, attraktive Frau hat Kollontai als Politikerin und Publizistin immer wieder

Männer kennengelernt, die ein Leben zwischen der Geborgenheit und Sicherheit einer Familie und einer in jeder Hinsicht anregenden Geliebten zu schätzen wußten. Dieser Erfahrungshintergrund hat gewiß den eigentümlichen Charakter ihrer Erzählungen geprägt.

„Eine große Liebe" erzählt eine Dreiecksgeschichte zwischen der alleinstehenden Natascha und Senja und seiner Ehefrau Anjuta, die freilich nur indirekt auftritt. Natascha und Senja, beide hauptberufliche Parteiarbeiter, haben sich vor der Revolution in der Emigration kennengelernt. Barbara Evans Clements zufolge verarbeitet diese Geschichte Kollontais Verhältnis mit dem menschewistischen Ökonomen Maslow, der eine kränkelnde Ehefrau und fünf Kinder hatte. Ihre Beziehung begann im Jahre 1909, Kollontais erstem Emigrationsjahr, und endete nach etwa zwei Jahren, weil Kollontai sich von Maslow nur sexuell, nicht intellektuell angenommen fühlte[83].

Sehr eindringlich schildert Kollontai in ihrer Erzählung die entwürdigenden Bedingungen, die die alleinstehende Geliebte eines verheirateten Mannes zu akzeptieren hat. Die Treffen können nur heimlich stattfinden, der Mann diktiert die Termine und fordert von Natascha ständige Rücksicht auf die von ihm als unselbständig, anhänglich, herzkrank und suizidal dargestellte Ehefrau. Während Senja der „Denker", der Wissenschaftler ist, auf dessen Arbeit und familiäre Verpflichtungen Natascha Rücksicht zu nehmen hat, spürt sie mit zunehmender Deutlichkeit, daß er sie in erster Linie körperlich-sexuell wahrnimmt und ihre Parteiarbeit für unwesentlich hält. „Er liebt mich, bloß wie? Nicht mich. ... Nur die Frau. Und wegen so etwas habe ich die Arbeit im Stich gelassen, habe Schulden gemacht"[84]. Senja ist nicht der Kamerad im Seelischen und Sinnlichen, den Natascha sich wünscht, selbst die Art der körperlichen Begegnungen bestimmt er. Wenn sie Probleme anspricht, wertet er das als „Psychologisieren" ab und ist froh, davon verschont zu bleiben. Als Natascha immer mehr in die Rolle der Unzufriedenen gerät, fängt sie an, Anjutas Haltung zu verstehen. Rückblickend kann sie feststellen: „Das waren die Launen eines Mannes, der von der wetteifernden Liebe zweier Frauen verwöhnt war"[85]. Nachdem sie begriffen hat, daß es Senja nicht darum geht, sie als ganze Person wahrzunehmen, trennt sie sich von ihm in der Hoffnung, ihm irgendwann einmal wiederzubegegnen – aber als Arbeitskameradin[86]. Auf sich allein gestellt, kann sie sagen: „Wie ist es schön, eine freie, alleinstehende Frau zu sein und das Recht zu haben, nach so einem Arbeitstag den Rest des Abends auf eigene Weise, für sich zu verbringen". Aber sie muß auch eine komplementäre Erfahrung machen: „In diesen Stunden der physischen Erschöpfung, des Abfallens der Kräfte nach den Anspannungen des Tages, fühlte sie sich besonders einsam, verlassen, von niemandem gebraucht"[87].

In der Erzählung „32 Seiten" wird eine Frau vorgestellt, die sich zwischen Arbeit und Liebe entscheiden muß, da beides unvereinbar ist. In „Ein belauschtes Gespräch" schließlich geht es um eine Frau, die nicht weiß, ob sie ihrer Neigung zu einem erotisch attraktiven jungen Liebhaber nachgeben soll oder der zu ihrem vertrauten langjährigen Arbeits- und Lebensgefährten. Beide Erzählungen thematisieren ein Dilemma, aus dem es keinen Ausweg zu geben scheint: Liebe und Arbeit sind im Leben der Frauen unvereinbar; gehorchen sie dem Gebot ihrer Gefühle, müssen sie auf berufliche Autonomie verzichten; suchen sie Verwirklichung in Arbeit und Beruf, muß dies mit dem Preis der Trennung vom Mann bezahlt werden.

Kollontais Erzählungen schildern Frauen in ihrer psychischen Befangenheit, in ihren Ängsten, aber auch in ihren Lern- und Befreiungsprozessen. Nirgends allerdings kommt es zu einem happy-end, eine Tatsache, die die Erzählungen, bei aller formalen und ästhetischen Unzulänglichkeit, vom Genre der Trivialliteratur deutlich unterscheidet. Das offene Ende der Kollontaischen Erzählungen provoziert bei den Lesern eine Haltung, die zum Weiter- und Neudenken zwingt. Einfache Lösungen gibt es nicht, Konflikte werden nicht geleugnet, sondern dargestellt. Die „neue Frau", die Kollontai im Auge hat, ist selber noch in jener Welt befangen, die sie bekämpft und ablehnt. Andererseits wollen die Erzählungen ermutigen, gleichsam eine Art Handlungsdruck erzeugen, der die Identifikation mit dem Ideal der „neuen Frau" erleichtert. Aus der parteilichen Darstellung der Probleme zwischen Frauen und Männern kann man sogar schließen, daß Kollontai ihre Leserinnen nicht nur zum Kampf gegen den Mann, sondern geradezu zu einem – zumindest temporären – Rückzug von ihm ermuntern will.

So wie sich Kollontai selber als „Übergangswesen" begriff, so kann man ihre Erzählungen entsprechend als „Übergangsliteratur" charakterisieren. Es ist nicht ohne Ironie, daß ein Mann, Fjodr Gladkow, in seinem 1925 erschienenen Erfolgsroman *Zement*[88] in der Person der Dascha den Typus der „neuen Frau" wesentlich radikaler und konsequenter als Kollontai propagiert hat, wenngleich psychologisch nicht annähernd so einfühlsam wie sie.

## Ein letzter Appell: Briefe an die arbeitende Jugend

In den Jahren 1922 und 1923 publizierte Alexandra Kollontai in der Komsomol-Zeitschrift *Junge Garde* unter dem Titel „Briefe an die arbeitende Jugend" eine Artikelserie, mit der sie den letzten Versuch unternahm, sich zu Fragen einer kommunistischen Moral programmatisch zu äußern. Die Briefe können als theoretische Fundierung und Ergänzung ihrer belletristischen Äußerungen angesehen werden und sind wohl auch zur selben Zeit entstanden wie ihre Erzählungen: noch in der Sowjetunion und schon in Norwegen, der ersten Etappe ihrer diplomatischen Missionen. Von Interesse sind die „Briefe an die arbeitende Jugend" insofern, als sie einerseits ihre früher eingenommenen Positionen – etwa in der Schrift *Die neue Moral und die Arbeiterklasse* – noch einmal extensiv bekräftigen und als durchgehaltenes Lebensthema ausweisen; andererseits lassen sie erkennen, daß Kollontai, trotz der für sie nach wie vor gültigen Kritik an der NEP, ein Stück weit Konsequenzen aus der Kritik der Parteiführung und aus der soeben überstandenen Gefahr eines Parteiausschlusses gezogen hat. Kollontais „Briefe an die arbeitende Jugend" bilden einen Kompromiß zwischen ihren ureigenen Überzeugungen einerseits, der Notwendigkeit der Unterordnung unter Parteiinteressen andererseits.

Drei Themen stehen im Zentrum der „Briefe": Privatexistenz und Arbeit für das Kollektiv gehören im Leben eines Kommunisten untrennbar zusammen (erster und zweiter Brief); die dem Mann gleichgestellte, dem Kollektiv dienende Frau hat ein neues Selbstverständnis und neue Ansprüche entwickelt, auf die sie in keinem Fall mehr verzichtet (dritter Brief); auf der Basis allgemeiner Solidarität und Sympathie kann als „geflügelter Eros" eine Form der Liebe entstehen, die keine Abgrenzung der Liebenden vom sozialen Kollektiv mehr kennt (vierter Brief).

Ihren Adressaten, der Arbeiter- und Bauernjugend, erläutert Kollontai, daß jede Klasse einer eigenen Moral bedürfe – als Abgrenzungswaffe im Klassenkampf und zur Erleichterung der Erfüllung ihrer historischen Aufgabe. Daß die Kommunistische Partei sich nicht mit den Problemen einer neuen Moral befaßt habe, entschuldigt sie mit dem Hinweis auf vorrangige gesellschaftliche Ziele: Zerstörung bürgerlicher Verkehrsformen, materieller Aufbau des Kommunismus, Vereinigung aller Werktätigen im Kampf gegen die Feinde der neuen Gesellschaft. Erst danach, nach der Errichtung einer soliden kommunistischen Basis, könne und müsse sich die Partei den dringenden Fragen der Moralentwicklung zuwenden. Kollontai betont noch einmal, daß etwas geschehen müsse, um einer desorientierten Jugend den Weg zu zeigen. Sie weist darauf hin, daß man sich in einer historisch-gesellschaftlichen Umbruchsituation befinde, in der das Alte nicht mehr gültig, das Neue aber erst im Entstehen begiffen sei[89]. Als Grundlage einer Moral der Arbeiterklasse formuliert Kollontai zwei Regeln: 1. Das Wohl des Arbeitskollektivs ist das Maß aller Handlungen für das Proletariat. 2. Das Privatleben darf nicht vom Leben des Arbeitskollektivs getrennt werden. Darüber hinaus müßten drei Grundsätze garantiert werden: allgemeine Arbeit, Gleichberechtigung aller Mitglieder des Arbeitskollektivs und kameradschaftliche Verbundenheit aller Arbeitenden.

Der Inhalt aller moralischen Regeln, schreibt Kollontai,

sei das Produkt ökonomischer Verhältnisse; insofern würden die moralischen Einstellungen der Mitglieder der Arbeiterklasse durch die Beziehung zur Arbeit bestimmt. „Unter der Diktatur des Proletariats lehrt der 'kategorische Imperativ', ... daß die erste Pflicht des Bürgers in einer Arbeiterrepublik die Pflicht im Verhältnis zu seiner Arbeit ist" [90]. Und weiter heißt es: „Jemand, der nicht arbeitet, bedeutet eine Last für das ganze Kollektiv. Die Moral des Proletariats fordert nicht Arbeitsliebe, sondern Arbeitsverantwortlichkeit" [91]. Verantwortliche, d.h. gesellschaftlich nützliche Arbeit sei nur die, die im Dienste des Ganzen stehe, dazu gehöre auf keinen Fall die fleißige, aber nutzlose Arbeit der Hausfrau. „Die beste Möglichkeit, kommunistisch zu leben, ist, denjenigen Arbeitsbereich zu finden, zu dem man seinen schöpferischen Anteil beitragen kann" [92].

Im dritten Brief legt Kollontai die Verbindlichkeit der soeben skizzierten Moralprinzipien auch für die weiblichen Mitglieder der kommunistischen Gesellschaft dar. Am Beispiel der Lyrik Anna Achmatowas, die, obwohl Nichtkommunistin, als Repräsentantin der Übergangsepoche vorgestellt wird, erläutert Kollontai noch einmal die Konflikte und Ideale der „neuen Frau". Auch Achmatowa habe jene Frau im Blick, „die sich mit ihrer Arbeit den Weg durchs Leben erkämpft" [93]. Natürlich gebe es erst wenige Frauen, die als proletarische Avantgardistinnen dem neuen Typus der sozial aktiven Frau entsprächen; die meisten Arbeiterinnen, die jungen Frauen und vor allem die nicht arbeitenden Ehefrauen müßten erst noch lernen, Vertrauen in die eigenen Kräfte und Möglichkeiten zu entwickeln und sich mit dem gesellschaftlichen Kollektiv zu verbinden. Da die Frauen so lange im übermächtigen

Schatten des Mannes gestanden hätten, sei es schwer, sie von ihrem Wert für das Arbeitskollektiv zu überzeugen. Zugleich hebt Kollontai immer wieder hervor, daß die Frau Ansprüche an den Mann stelle, daß sie in ihrer Persönlichkeit („weißer Vogel") wahrgenommen und akzeptiert werden wolle; Männer, die nicht in der Lage seien, ihre Selbstgefälligkeit („Drachen") zu bekämpfen, und versuchten, den „weißen Vogel" zu erdrosseln, müßten die Frauen verlassen. Die neue Frau lasse sich nicht länger vom Mann beherrschen, passe sich nicht mehr seinen Bedürfnissen an und diene nicht länger als Spiegel seines Narzißmus. Erst wenn der „Drachen" im Mann, seine Selbstsucht und Eitelkeit, getötet sei, erst wenn es gegenseitige Anerkennung und Rücksichtnahme gebe, werde der Geschlechterkampf aufhören.

In ihrem letzten Brief, der den ebenso poetischen wie euphorischen Titel „Ein Weg dem geflügelten Eros!" trägt, konstatiert Kollontai, daß sich Sowjetrußland in einer neuen Phase des Bürgerkriegs befinde, im Bürgerkrieg der Weltanschauungen. Nachdem in den ersten fünf Jahren nach der Revolution alle gesellschaftlichen Energien den ökonomischen, politischen und militärischen Schwierigkeiten des Landes gegolten hätten und allerorten der „ungeflügelte Eros" – Sexualität ohne geistige und seelische Nähe – praktiziert worden sei, sei es jetzt an der Zeit, dem bislang verschmähten „geflügelten Eros" den Weg zu bahnen. „Er trotzt dem mutig gewordenen ungeflügelten Eros – dem Instinkt der Reproduktion, der nichts mit den Wundern der Liebe zu tun hat. Der ungeflügelte Eros befriedigt die seelischen Bedürfnisse nicht mehr"[94]. Ja, er verringere sogar die Arbeitsenergie und lasse den Menschen innerlich veröden[95]. Was während der turbulenten ersten Revolutionsjahre vielleicht notwendig und zweckmäßig gewesen sei, müsse nunmehr den gewachsenen seelischen und geistigen Ansprüchen der Menschen weichen. Liebe habe weniger mit Biologie zu tun als vielmehr mit sozialen Beziehungen.

Kameradschaft und Solidarität sind die Schlüsselbegriffe in Kollontais Überlegungen zur Begründung einer kommunistischen Liebesmoral. Jedes Mitglied der Arbeiterklasse soll zur Anteilnahme an den Leiden und Bedürfnissen der anderen erzogen werden, Liebe ist nicht mehr Ausschluß und Abgrenzung von der Gesellschaft, sondern die Erfahrung allgemeiner Solidarität und Sympathie. Liebe zu einem einzelnen Menschen und Liebe zum Kollektiv schließen einander nicht aus, sondern ergänzen sich. Und im übrigen heißt es: „Für die Arbeiterklasse ist es völlig gleich, ob die Liebe die Form einer langjährigen und institutionalisierten Verbindung annimmt oder sich in Form einer vorübergehenden Beziehung ausdrückt. Die Ideologie der Arbeiterklasse setzt der Liebe keinerlei formale Grenzen"[96].

Kollontais „Briefe an die arbeitende Jugend" stellen einen ihrer letzten Versuche dar, auf das moral- und sexualpolitische Klima in der Sowjetunion öffentlich Einfluß zu nehmen und Mißverständnissen, die sich nicht zuletzt an ihrer Person und ihrem ungewöhnlichen Leben als Frau festmachten, entgegenzutreten. Zugleich zeugen die „Briefe" mit ihren Kompromissen gegenüber der – doch wohl eher als repressiv zu verstehenden – Arbeitsideologie des Proletariats, gegenüber den als historisch notwendig ausgegebenen Anforderungen des gesellschaftlichen Kollektivs von einem politischen Druck, dem sich Kollontai nach der Niederlage der Arbeiteropposition offenbar schwer entziehen konnte.

Anzumerken bleibt, daß der Kommunist und Freud-Schüler Wilhelm Reich, dessen sexualpolitische Schriften ebenso wie die Kollontais 1968 von den antiautoritären Studenten wiederentdeckt und gelesen wurden, seine Zeitgenossin kaum zur Kenntnis genommen hat. Zwar zitiert Reich in seinem vielgelesenen Buch *Die sexuelle Revolution*[97] Kollontai, aber ihre Thesen und Vorschläge bleiben undiskutiert. Reich zufolge kann man aus der Russischen Revolution lernen, daß sich mit der ökonomischen Umwälzung und der Errichtung einer sozialen Demokratie tatsächlich auch eine sexuelle und moralische Revolution vollzieht. Diese Entwicklung sei aber in Rußland gebremst worden und schließlich gescheitert, weil durch Bürgerkrieg, Hungersnöte und Krisen die ökonomischen Probleme des Landes völlig im Vordergrund gestanden hätten; außerdem habe keine ausgearbeitete Theorie der sexuellen Revolution vorgelegen, und bei den führenden Kadern der Kommunistischen Partei hätten eher sexualfeindliche Einstellungen vorgeherrscht, so daß seit 1923 reaktionäre Kräfte die Oberhand gewonnen hätten. Den für Rußland immerhin einzigartigen Versuch Kollontais, eine den veränderten gesellschaftlichen Verhältnissen gemäße Sexualmoral zu entwerfen, hat Reich ignoriert.

Noch einmal, ein letztes Mal, mischte sich Kollontai in eine innenpolitische Diskussion ein. In den Jahren 1925 und 1926 gab es einen heftigen Streit über die Frage der Alimente und der Legalisierung der faktischen Ehe. Aufgrund der Tatsache, daß sich neben der „registrierten" Ehe eben auch die faktische eingebürgert hatte, waren die Vaterschaftsverpflichtungen zunehmend unübersichtlich geworden; viele Männer weigerten sich, ihre Vaterschaft anzuerkennen, so daß die zuständigen Gerichte mit Klagen überhäuft wurden. In dieser Situation propagierte Kollontai eine Lösung, die jede unwürdige Auseinandersetzung zwischen den Partnern überflüssig machen sollte. Sie plädierte dafür, daß alle Werktätigen zwei Rubel pro Jahr in einen allgemeinen Versicherungsfonds zahlen und daß aus diesem Fonds Krippen, Kinderheime und Unterstützung der Mütter finanziert werden sollten. Wie auch früher fanden Kollontais Vorschläge starke öffentliche Beachtung, wurden heiß diskutiert, um am Ende doch entrüstet abgelehnt zu werden. Die Stellungnahmen gerade von Frauen machen deutlich[98], daß es ihnen offenbar mehr darauf ankam, die Männer persönlich in die Pflicht zu nehmen und sie dadurch zur Verhaltensänderung zu zwingen, als der Gesellschaft die Last ungeklärter Vaterschaften aufzubürden.

Mit diesem Scheitern verabschiedete Kollontai sich endgültig von der innenpolitischen Bühne Sowjetrußlands. Das Ende der offenen, experimentierfreudigen Phase der Revolution war längst in Sicht. Stalins Autokratie wirkte sich zunehmend lähmend auf die politischen Debatten des Landes aus. Ende der zwanziger Jahre wurden Stalins Gegenspieler Trotzki und die Linksopposition politisch kaltgestellt. Der Selbstmord des Schriftstellers Wladimir Majakowski im Jahre 1930, der mit seinen Theaterstücken *Die Wanze* (1928) und *Das Schwitzbad* (1929) die wachsende bürokratische Drosselung des gesellschaftlichen Lebens in Rußland angeprangert hatte, markierte den definitiven Triumph der thermidorianischen Reaktion über den revolutionären Bolschewismus, dessen authentischem Revolutionarismus Kollontai zuzurechnen ist.

# III. Biographischer Nachtrag

## Zweites Exil (1922-1945)

In einer erst jüngst in deutscher Übersetzung erschienenen sowjetischen Kollontai-Biographie wird die Affäre mit Dybenko als private Tragödie Kollontais dargestellt, die sie in erster Linie dazu veranlaßt habe, in den diplomatischen Dienst einzutreten und ins Ausland zu gehen[1]. In jener typischen Manier, mit der in der sowjetischen Historiographie und Biographik Geschichtsklitterung betrieben wird, wird dabei unterschlagen, daß es außer dem Scheitern ihrer Beziehung zu Dybenko (der der russische Biograph ein ganzes Kapitel widmet) für Kollontai weitaus triftigere Gründe gab, die Sowjetunion zu verlassen. Kollontais politisches Engagement für die Arbeiteropposition und deren Scheitern hatten unmißverständlich gezeigt, wo ihre Grenzen waren. Im Zusammenhang ihres Einsatzes für die Arbeiteropposition und des ihr angedrohten Ausschlusses aus der Kommunistischen Partei verlor Kollontai auch ihr Amt als Leiterin der Frauenabteilung sowie weitere politische Posten; 1922 sah sie sich zunehmend isoliert. In dieser Situation bat sie den Parteisekretär Stalin, der seit der Erkrankung Lenins faktisch zum ersten Mann innerhalb der Parteihierarchie avanciert war, um Zuweisung neuer politischer Aufgaben. Nachdem Kanada die gefürchtete Agitatorin als Diplomatin der Sowjetunion abgelehnt hatte, trat Kollontai als Legationsrätin in die sowjetische Handelsmission in Norwegen ein. Im Oktober 1922 traf sie in der norwegischen Hauptstadt ein und lebte dort nach Angaben Marcel Bodys[2] relativ zurückgezogen, indem sie sich auf ihre Arbeit an den Erzählungen konzentrierte.

Auch wenn Kollontai mit ihren revolutionären Vorstellungen in Rußland selbst gescheitert war, blieb sie doch der Sache des Kommunismus treu und bemühte sich nach Kräften, als Diplomatin den Interessen ihres Landes zu dienen. Während sie sich dafür einsetzte, einen Handelsvertrag zwischen Norwegen und der Sowjetunion zustandezubringen, erschienen in der Parteizeitung *Prawda* mehrere Artikel unter ihrem Namen, die sie nicht geschrieben hatte. Wer für diese Intrige verantwortlich zeichnete, läßt sich nicht rekonstruieren. Jedenfalls beschwerte sich Kollontai 1923 bei einem Moskau-Aufenthalt sowohl bei Stalin wie bei den Verantwortlichen der *Prawda* – mit Erfolg. Soviel wir wissen, hatte Kollontai zu dieser Zeit ihre Kontakte zu den Mitgliedern der Arbeiteropposition längst aufgegeben. Als 1924 Norwegen, zusammen mit England und Frankreich, die Sowjetunion diplomatisch anerkannte, wurde Kollontai zur Gesandtin ernannt. Offenbar war es ihr nun endgültig gelungen, den Makel der Oppositionellen abzustreifen.

Für kurze Zeit, von September 1926 bis Juni 1927, lebte Kollontai als sowjetische Gesandtin in Mexiko. Die Vereinigten Staaten verweigerten der Kommunistin ein Durchreisevisum, während die internationale Presse ausführlich über die ungewöhnliche Frau und ihre diplomatische Mission berichtete. In der Tat zeigte sich Kollontai für den diplomatischen Dienst in hohem Maße geeignet: Sie war eine in jeder Hinsicht gebildete und gewandte Frau, vielsprachig und kontaktfreudig, von beeindruckendem Äußeren. Auch in Mexiko gelang es ihr, die Interessen ihres Landes mit großem Erfolg zu vertreten. Freilich mußte sie aus gesundheitlichen Gründen Mexiko bald wieder verlassen und nach Oslo zurückkehren, wo sie begeistert begrüßt wurde.

Bis 1930 blieb Kollontai in Norwegen, dann ging sie als Gesandtin nach Schweden. Schweden hatte sie 1914, nach Kriegsausbruch, als „persona non grata" abgeschoben; jetzt mußte dieser peinliche Vorfall annulliert werden. Bis zu ihrer Pensionierung im Jahre 1945 blieb Kollontai als sowjetische Botschafterin in Schweden. Wo immer es möglich schien, setzte sie sich für die Verbesserung der Beziehungen zwischen der Sowjetunion und den skandinavischen Ländern ein. Als zum Beispiel der bekannte Luftschiffbauer und Polarforscher Umberto Nobile im Mai 1928 bei einer Nordpolexpedition abstürzte und der norwegische Polarforscher Roald Amundsen beim Versuch einer Rettungsaktion ebenfalls verunglückte, gelang es ihr, den sowjetischen Eisbrecher „Krassin" für eine Rettungsfahrt zu mobilisieren. Zwar konnte nicht Amundsen, aber immerhin Nobile und seine Expedition gerettet werden. Seit 1930 kämpfte Kollontai für die Unterzeichnung eines Vertrages über die Rückgabe des von der Kerenski-Regierung bei schwedischen Banken deponierten russischen Goldschatzes an die Sowjetunion; ihr Verhandlungsgeschick und ihre noch aus der Zeit vor der Revolution herrührenden guten Kontakte zur schwedischen Sozialdemokratie führten schließlich zum Erfolg des Unternehmens. 1935 wurde Kollontai zum Ehrenmitglied der Schwedisch-Sowjetischen Gesellschaft für kulturelle Beziehungen ernannt.

Zwischen 1935 und 1937 nahm sie als Mitglied der sowjetischen Völkerbundkommission an den jährlichen Vollversammlungen in Genf teil. Ihre Arbeit dort hatte vor allem mit Fragen der rechtlichen und ökonomischen Stellung der Frau zu tun, ein Thema, das ihr gleichsam auf den Leib geschneidert war.

Die Ära der großen Säuberungen und die Zeit des Zweiten Weltkriegs überstand Kollontai im neutralen Schweden. Der Hitler-Stalin-Pakt vom August 1939, in dem die beiden Diktatoren sich über die Aufteilung Polens verständigten, brachte sie in einige Bedrängnis; alte Freunde wandten sich von ihr ab, politische Anfeindungen blieben ihr nicht erspart. Wie schwierig diese Zeit für sie gewesen sein muß, kann man nur aus allgemeinen Äußerungen schließen; alles in allem verhielt sie sich, so scheint es, überaus „diplomatisch", d.h. zurückhaltend. Wie sie wirklich über Stalins Arrangement mit Hitler dachte, wissen wir nicht.

Einer der letzten diplomatischen Erfolge Kollontais bestand darin, daß sie nach dem russisch-finnischen Winterkrieg zum Zustandekommen eines Friedensvertrages zwischen beiden Ländern im März 1940 beitrug, ebenso zum Abschluß des Waffenstillstands zwischen der Sowjetunion und Finnland im September 1944.

Resümiert man Kollontais Tätigkeit als Diplomatin ihres Landes, so wird man ihr das Prädikat „erfolgreich" nicht verweigern können. Erfolgreich war sie nicht nur in der Vertretung außenpolitischer Interessen der Sowjetunion, sondern auch darin, daß sie als fähige und bewunderte Diplomatin eine Art Pionierrolle in einem überaus konservativen und männerdominierten Beruf gespielt hat. So hat sie auch als Diplomatin für die Anerkennung und Gleichberechtigung der Frau gekämpft und als Vorbild gewirkt.

Es ist häufig darüber spekuliert worden, warum ausgerechnet Alexandra Kollontai den Stalinschen Terror überlebt hat, warum sie nicht, wie die meisten Revolutionäre des Oktober (auch Schljapnikow und Dybenko), ins grauenhafte Räderwerk der Prozesse, der Folterungen und Erschießungen geraten ist. War Kollontai eine Opportunistin, die ihren früheren Überzeugungen abschwor und sich dem Kurs der Stalinschen Bürokratie fügte? Oder hängt ihr Überleben – so die Vermutung Iring Fetschers[3] und Robert Daniels'[4] – damit zusammen, daß Stalin in gleichsam altmodischer Ritterlichkeit davor zurückschreckte, sich an Frauen zu vergreifen?

Die Tatsache, daß sich Kollontai mit Rücksicht auf ihren geliebten Sohn (der im Zweiten Weltkrieg fiel) und dessen Familie, gegen die sie Repressalien befürchten mußte, jeder kritischen Äußerung der Stalinschen Politik gegenüber enthielt, ist keine stichhaltige Erklärung für ihr Überleben – der Massenterror der dreißiger Jahre machte auch vor Mitläufern und Anhängern des Stalinismus nicht halt. Viel plausibler scheint eine andere Erklärung zu sein. 1925 vermachte Kollontai dem Parteiarchiv jene Briefe, die Lenin in den Jahren des vorrevolutionären Exils an sie adressiert hatte; in diesen Briefen äußert Lenin sich wiederholt negativ über Trotzki und seine politische Haltung, die zu seiner eigenen im Widerspruch stand. Im Machtkampf nach Lenins Tod müssen Stalin, der sich zum legitimen Erben Lenins erklärte, dessen abfällige Bemerkungen über den Rivalen Trotzki hochwillkommen gewesen sein. Außerdem war bekannt, daß Kollontai und Trotzki eine tiefe Abneigung gegeneinander hegten, was sowohl Kollontais Briefe aus der Zeit vor der Revolution wie auch Trotzkis Autobiographie dokumentieren. Trotzki war es schießlich auch, der ihre Tätigkeit im Zusammenhang mit der Arbeiteropposition am schärfsten kritisiert hatte. Diese Konstellation ließ Kollontai sozusagen zur objektiven Bündnispartnerin Stalins werden, an deren physischer Liquidation dieser kein Interesse haben konnte.

Daß Kollontai im Jahre 1933 aus Stalins Hand eine hohe staatliche Auszeichnung, den Leninorden, empfing, deutet ein weiteres Mal auf diese objektive Konstellation hin. Ihrer beider Gegner Trotzki, der nach seiner Verbannung aus der Sowjetunion in vielen europäischen Ländern verzweifelt versucht hatte, als Asylant aufgenommen zu werden, hatte sich 1932 darum bemüht, ein schwedisches Einreisevisum zu erhalten. „Es wurde ihm", schreibt Trotzkis Biograph Isaac Deutscher, „angeblich auf Grund der Einwände verweigert, die von Alexandra Kollontai, der einstigen Führerin der Arbeiteropposition und jetzigen Botschafterin der Sowjets, erhoben worden waren"[5]. Kollontais Abneigung gegen den Theoretiker der permanenten Revolution ist, so scheint es, die einleuchtendste Erklärung dafür, daß sie den Stalinschen Terror überlebte.

Hochdekoriert und geehrt starb Alexandra Kollontai am 9. März 1952 in Moskau. In der *Prawda* erschien kein Nachruf auf ihr Leben und Wirken für die Sowjetunion.

# Nachwort

Auch wenn die Berufstätigkeit der Frau in den heutigen sozialistischen Ländern ebenso eine Selbstverständlichkeit ist wie die Betreuung der Kinder durch staatliche Institutionen, so ist in der sozialistischen Ehe ein Partner doch immer noch „gleicher" als der andere, wie Kai Thomas Dieckmann anmerkt[1]. „Stagnation im Prinzipiellen und Entwicklung im Detail schließen sich keineswegs aus. ... Die Frau wurde Arbeiterin und blieb Hausfrau – Doppelbelastung statt Emanzipation"[2]. Patriarchalische Denk- und Verhaltensweisen sind in den sozialistischen Ländern weder im privaten noch im öffentlichen Leben verschwunden. Nach 1917 hieß es, es gebe dringlichere Probleme zu lösen als die „Frauenfrage"; heute wird schlicht behauptet, die Frau im Sozialismus sei frei und dem Mann gleichgestellt; allenfalls wird widerwillig konzediert, daß eine „Frauenfrage" als gesellschaftlicher „Nebenwiderspruch" existiere, den man läßlich behandeln könne. Solange jedoch in der UdSSR die Jungen im Kindergarten lernen müssen, wie sie Mädchen in den Mantel helfen, und die Mädchen umgekehrt, wie sie den Tisch decken und die Tugenden von Hausfrauen beherrschen – solange wird sich an der ungerechten gesellschaftlichen Arbeitsteilung zwischen Mann und Frau, an der Doppelbelastung der letzteren nichts Wesentliches ändern. Die Frauen stehen vor den Geschäften Schlange und erledigen vier Fünftel der Hausarbeit; klar, daß sie deshalb viel weniger Zeit auf politische und allgemein gesellschaftliche Betätigung verwenden können als ihre Männer. Für ihre einseitige Befreiung zur gesellschaftlich nützlichen Arbeitskraft zahlen die Frauen in den sozialistischen Ländern einen hohen Preis, auch wenn sie aufgrund ihrer materiellen Unabhängigkeit selbstbewußt genug geworden sind, sich im Zweifelsfall von ihren Männern scheiden zu lassen. Der sozialistische Staat, dessen Vertreter bis heute in einer rigiden Abwehrhaltung gegen die Erkenntnisse von Sozialisationstheorie und Psychoanalyse verharren, hat es von Beginn an versäumt, von den Männern die Übernahme von Verantwortung für Küche und Kinderzimmer zu fordern. So ist im Bewußtsein der Menschen und in der Beziehung der Geschlechter fast alles beim alten geblieben.

Heute wissen wir also, daß die „Expropriation der Expropriateure" (Marx) nicht automatisch zur Befreiung der Frau führt. Insofern hat sich der Weg der proletarischen Frauenrechtlerinnen, die die „Frauenfrage" der „Arbeiterfrage" unterordneten, als Irrweg erwiesen, wurde die doppelte Ausbeutung der Frau durch Kapital und Arbeit, auf die schon Bebel hinwies, doch nicht beseitigt. Engagierte Frauen wie Kollontai und Zetkin, die, obwohl überzeugte Kommunistinnen, ein Stück weit die Autonomie der „Frauenfrage" reklamierten, wurden schon früh in ihrer Arbeit behindert und schließlich durch Frauen ersetzt, die sich als linientreu im Sinne der kommunistischen Männer erwiesen.

Ein bezeichnendes Beispiel dafür, wie im Umfeld des orthodoxen Kommunismus heute die Figur Kollontais wahrgenommen wird, gibt das jüngst erschienene Buch von Elke Vesper *Fremde Schwestern. Meine Reise zu den Frauen in der Sowjetunion*, in dem die Autorin ziemlich am Anfang des Buches eine sowjetische Redakteurin zitiert, die sie nach ihrer Einschätzung Kollontais befragt: „Wir achten und ehren Alexandra Kollontai sehr. Das, wofür sie gekämpft hat, ist bei uns Wirklichkeit geworden. … Alexandra Kollontai kämpfte für die soziale Gleichstellung der Frau, da sagte sie viel Richtiges. Sie denken jetzt wohl an ihre Äußerungen zur Liebe und zur Familie, da hat sie viel Falsches gesagt". Nach dieser offiziösen Auskunft gab Elke Vesper ihr Projekt, ein Buch „Auf den Spuren der Kollontai" zu schreiben, auf[3].

Kollontai, in vielem gescheitert, bleibt als Dissidentin ein Stachel im Fleisch der gegenwärtigen Gesellschaft, nicht nur der sozialistischen. Lebensgeschichtliche Erfahrungen haben in ihr die unerschütterliche Überzeugung reifen lassen, daß die Befreiung der Frau nur dann gelingen könne, wenn diese eine vom Mann unabhängige Identität entwickelt – eine Identität, die ihre Kraft und Resistenz wesentlich aus beruflich-gesellschaftlicher Betätigung und Bestätigung schöpft, hier einen stabilen „Sachbezug" findet. Darauf hingewiesen zu haben, in der Selbstbestätigung nicht hauptsächlich oder gar ausschließlich auf Beziehungen zu Liebespartnern und/oder Kindern fixiert zu sein, bleibt ihr großes Verdienst.

Kollontais Bedeutung liegt bis heute darin, daß sie leidenschaftlich darauf bestanden hat, daß sich Frauen auch „sachbezogen" orientieren, ja daß dies ihr primärer Lebensinhalt sein müsse. Daß eine Gesellschaft nicht dadurch zu ändern ist, daß man an sie appelliert, sie müsse bislang gering geachtete Arbeit – die der Mütter und Hausfrauen – hinfort anerkennen[4], sondern daß eine Veränderung nur durch neue Identifikationsmöglichkeiten zu erreichen ist, zeigt Margarete Mitscherlich in ihrem Buch

*Die friedfertige Frau,* das nicht auf Wunsch-, sondern auf Erfahrungsdenken basiert[5]. Für die Selbstwerdung der Frau gibt es, so scheint mir, keinen anderen Weg als den, sowohl den Staat wie die Männer zur Verantwortung für „Objekte" heranzuziehen – eine Fähigkeit, die gemeinhin als frauentypisch angesehen wird. Wenn auch die Männer in die Lage kommen, den Umgang mit und die Pflege von „Objekten" als humane Möglichkeit für sich kennenzulernen, können andererseits auch Frauen die weithin männlich dominierte Arbeitswelt mit ihrem ausschließlichen „Sachbezug" humanisieren.

Es wäre falsch, Kollontai und ihr feministisches Engagement zu idealisieren. Als orthodoxe Kommunistin teilte sie manchen Irrtum im Setzen von Prioritäten und manche Blindheit ihrer männlichen Umwelt. So hat sie die Frage nach Verhütungsmitteln, die wir heute als wichtige Voraussetzung für eine unbelastet praktizierte Sexualität sehen, völlig ignoriert; das Reproduktionsproblem war für sie keine autonome Angelegenheit der Frau. Auch schien es ihr mit Rücksicht auf die enormen Schwierigkeiten des Sowjetstaates gerechtfertigt, die Frauen zunächst im Dienstleistungssektor zu beschäftigen, was zur Folge hatte, daß die Frauen einmal mehr und wie gehabt schlechtere berufliche Positionen mit entsprechend niedriger Bezahlung einnehmen mußten und Rollenfixierungen beibehalten wurden.

Aber trotz mancher Schwächen, die wir bei Kollontai entdecken, bleibt sie in vielem ein Vorbild. Vorbilder wollen nicht einschüchtern, sondern Richtungen weisen und Orientierungen erleichtern. Louise Bryant, die Kollontai als Volkskommissarin für soziale Fürsorge kennenlernte, berichtet voller Bewunderung über ihren Arbeitsfleiß, ihre

Zielstrebigkeit und Hartnäckigkeit, über ihre rhetorischen Fähigkeiten, ihre Eleganz und ihre spontane Verbundenheit mit den einfachen Menschen. Kollontai habe häufig in politischen Fragen eine andere Meinung als Lenin und Trotzki vertreten; andererseits habe sie Menschen immer ihre eigenen Entscheidungen treffen lassen[6].

Bis an ihr Lebensende hielt Kollontai an ihrem emanzipatorischen und militanten Optimismus fest. Als sie als erste Frau der Welt in die konservative Kaste der Diplomaten aufgenommen wurde, betrachtete sie auch das als einen Erfolg auf dem Weg zur Gleichberechtigung der Frau. Jeder persönliche Sieg bedeutete ihr einen stellvertretenden Sieg für alle Frauen.

# Anhang

# Anmerkungen

## Einleitung

1 Zit. nach: I. Dashina, Alexandra Kollontai über sich und ihre Zeit, in: A. Kollontai, Ich habe viele Leben gelebt... Autobiographische Aufzeichnungen, Köln 1981, S. 522 f
2 Ebenda, S. 523
3 A. Kollontai, Autobiographie einer sexuell emanzipierten Kommunistin. Hg. und mit einem Nachwort von I. Fetscher, München 1970
4 Wassilissa Malygina, Frankfurt/M 1973; Die Situation der Frau in der gesellschaftlichen Entwicklung, Frankfurt/M 1975; Die neue Moral und die Arbeiterklasse, Frankfurt/M 1977; Der weite Weg. Erzählungen, Aufsätze, Kommentare, Frankfurt/M 1979

## Teil I

1 Kollontai, Ich habe viele Leben gelebt, a. a. O., S. 93 ff
2 Vgl. F. Halle, Die Frau in Sowjetrußland, Berlin/Wien/Leipzig 1932, S. 64
3 F. Tiburtius, Erinnerungen einer Achtzigjährigen, Berlin 1925, S. 119
4 C. Zetkin, Zur Geschichte der proletarischen Frauenbewegung Deutschlands, Frankfurt/M 1971, S. 58
5 Vgl. A. Kollontai, Zwei Richtungen, in: Kollontai, Der weite Weg, a. a. O., S. 21 ff
6 Kollontai, Autobiographie einer sexuell emanzipierten Kommunistin, a. a. O., S. 26
7 Vgl. A. Kollontai, Staatliche Mutterschaftsversicherung, in:

*Die Neue Zeit,* 33. Jg. (1915), S. 364; vgl. Kollontai, Mutterschutz, in: Kollontai, Der weite Weg, a. a. O., S. 50 ff

8 E. Rotter, Rezension von A. Kollontai, Gesellschaft und Mutterschaft, in: *Die Neue Zeit,* 35. Jg. (1917), S. 127

9 Anonymus, Rezension von A. Kollontai, Aus dem Tagebuch einer Agitatorin, in: *Korrespondenzblatt der Generalkommission der Gewerkschaften Deutschlands,* 1912, S. 69 (Beilage)

10 Kollontai, Ich habe viele Leben gelebt, a. a. O., S. 197

11 W. I. Lenin, Werke, Bd. 35, Berlin 1979, S. 169

12 Kollontai, Ich habe viele Leben gelebt, a. a. O., S. 225 f

13 Vgl. Lenin, a. a. O., S. 185

14 Kollontai, Ich habe viele Leben gelebt, a. a. O., S. 286 ff

15 L. Trotzki, Mein Leben. Versuch einer Autobiographie, Frankfurt/M 1981, S. 240

16 Lenin, a. a. O., S. 268

17 Ebenda, S. 275

18 Kollontai, Die Situation der Frau, a. a. O., S. 151 ff

19 Zit. nach Halle, a. a. O., S. 136

20 Kollontai, Ich habe viele Leben gelebt, a. a. O., S. 457 f

21 Zit. nach: Marx, Engels, Lenin. Über die Frau und die Familie, Leipzig 1972, S. 186 f

22 Ebenda, S. 224

23 Ebenda, S. 223

24 Ebenda, S. 222

25 Kollontai, Die Situation der Frau, a. a. O., S. 183

26 Ebenda, S. 171

27 Kollontai, Autobiographie einer sexuell emanzipierten Kommunistin, a. a. O., S. 57 f

28 Kollontai, Die Arbeiterin und Bäuerin in Sowjetrußland, Leipzig 1921, S. 8

29 A. Tröger, Nachwort zu: Kollontai, Die Situation der Frau, a. a. O., S. 243

30 Zur Arbeit der Frauenabteilung vgl. Kollontai, Die Arbeiterin und Bäuerin in Sowjetrußland, a. a. O.; K. T. Dieckmann, Die Frau in der Sowjetunion, Frankfurt/M/New York 1978, S. 73 ff; A. Heitlinger, Women and State Socialism, London/Basingstoke 1979, S. 56-64; M. Israel, Einleitung zu: Kollontai, Die neue Moral und die Arbeiterklasse, a. a. O., S. 121-127

**Teil II**

1 Kollontai, Die neue Moral, a.a.O., S.10
2 Ebenda, S.11
3 Ebenda, S.20
4 Ebenda, S.25
5 Ebenda, S.50
6 Ebenda, S.28
7 Ebenda, S.30
8 Ebenda, S.32
9 Ebenda, S.34
10 Ebenda, S.36
11 Ebenda, S.40
12 Ebenda, S.43
13 Ebenda, S.47
14 Ebenda, S.48f
15 Ebenda, S.48
16 Ebenda, S.49
17 Ebenda, S.50
18 M. Ruben-Wolf, Der russische Nachwuchs, in: *Die Neue Generation,* Bd. 23 (1927), S.356
19 G. Meisel-Heß, Die sexuelle Krise, Jena 1909, S.369
20 Ebenda, S.370
21 Ebenda, S.394
22 Ebenda, S.383
23 Ebenda, S.386
24 Vgl. P. Winogradskaja, Probleme der Moral, Sexualität, des Alltags und Genossin Kollontai, zit. nach: Tröger, a.a.O., S.256f
25 Meisel-Heß, Die sexuelle Krise, a.a.O., S.404
26 Kollontai, Die neue Moral, a.a.O., S. 73
27 Ebenda, S.72
28 Ebenda, S.71f
29 Ebenda, S.74f
30 Ebenda, S.82
31 Ebenda, S.83
32 A. Kollontai, Die Arbeiteropposition, in: F. Kool und E. Oberländer (Hg.), Arbeiterdemokratie und Parteidiktatur, Olten/Freiburg 1967, S.183

33 Ebenda, S. 186
34 Ebenda, S. 189
35 Ebenda, S. 190
36 Ebenda, S. 193
37 Ebenda, S. 195
38 Ebenda, S. 199
39 Ebenda, S. 201 f
40 Ebenda, S. 204
41 Ebenda, S. 204
42 Ebenda, S. 208
43 Ebenda, S. 212
44 Ebenda, S. 224
45 Ebenda, S. 223
46 R. Luxemburg, Die russische Revolution, in: Politische Schriften III. Hg. und eingeleitet von O. K. Flechtheim, Frankfurt/M 1968, S. 139
47 Ebenda, S. 135
48 Kollontai, Die Arbeiteropposition, a. a. O., S. 228
49 Ebenda, S. 233
50 Ebenda, S. 239
51 R. V. Daniels, Das Gewissen der Revolution. Kommunistische Opposition in der Sowjetunion, Berlin 1978, S. 157
52 Ebenda
53 L. E. Luke, Die marxistische Frau: Sowjetische Varianten, in: E. J. Simmons (Hg.), Der Mensch im Spiegel der Sowjet-Literatur, Stuttgart 1956, S. 42
54 E. Mühsam, Rezension von A. Kollontai, Wege der Liebe, in: *Fanal*, Jg. 1, Nr. 6 (1927), S. 94 f
55 I. Wrobel, Rezension von A. Kollontai, Wege der Liebe, in: *Die Weltbühne*, 22, 2 (1926), S. 230 f
56 H. Dworschak, Rezension von A. Kollontai, Wege der Liebe, in: *Freie Welt* (1927), S. 379 f
57 W. Türk, Rezension von A. Kollontai, Wege der Liebe, in: *Die Literatur*, 29 (1926/27), S. 12 f
58 Ebenda, S. 13 f
59 A. Kollontai, Wege der Liebe, Frankfurt/M 1980, S. 14
60 Ebenda, S. 9
61 Ebenda, S. 51
62 Ebenda, S. 67

63 Ebenda, S. 55 ff
64 Ebenda, S. 67 f
65 Vgl. S. Bernfeld, Zur Psychologie der „Sittenlosigkeit" der Jugend, in: S. Bernfeld, Antiautoritäre Erziehung und Psychoanalyse, Bd. 3. Hg. von L. von Werder und R. Wolff, Frankfurt/M 1974, S. 96 ff
66 Zit. nach: Marx, Engels, Lenin, a. a. O., S. 218
67 Ebenda, S. 217
68 Ebenda, S. 218
69 Ebenda, S. 219
70 Zeitschrift, von Helene Stöcker herausgegeben, deren erste drei Jahrgänge (1905-1907) *Mutterschutz* hießen, ab 1908-1932 *Die Neue Generation*
71 Kollontai, Wege der Liebe, a. a. O., S. 88
72 Ebenda, S. 92
73 Ebenda, S. 117
74 Ebenda, S. 158
75 Ebenda, S. 166
76 Ebenda, S. 220
77 Ebenda, S. 368 f
78 Ebenda, S. 268
79 Ebenda, S. 416
80 Kollontai, Die neue Moral, a. a. O., S. 65
81 I. de Palencia, Alexandra Kollontay. Ambassadress from Russia, New York/London/Toronto 1947, S. 159 ff
82 H. Imendörffer, Die Belletristik und ihre Rezeption. Sexistische Literaturkritik oder das „Scheitern" Alexandra Kollontais, in: A. Kollontai, Der weite Weg, a. a. O., S. 263 ff
83 B. Evans Clements, Bolshevik Feminist. The Life of Aleksandra Kollontai, Bloomington 1979, S. 68 f
84 A. Kollontai, Eine große Liebe, in: Kollontai, Der weite Weg, a. a.O., S. 159
85 Ebenda, S. 130
86 Ebenda, S. 202
87 Ebenda, S. 150
88 F. Gladkow, Zement, Wien/Berlin 1927
89 A. Kollontai, Vier Briefe an die arbeitende Jugend, in: Kollontai, Der weite Weg, a. a. O., S. 69 f
90 Ebenda, S. 86

91 Ebenda, S. 86
92 Ebenda, S. 87
93 Ebenda, S. 89
94 Ebenda, S. 107 f
95 Ebenda, S. 122
96 Ebenda, S. 122
97 W. Reich, Die sexuelle Revolution, Frankfurt/M 1971, S. 173
98 Halle, Die Frau in Sowjetrußland, a. a. O., S. 178 ff

**Teil III**

1 S. Schejnis, Alexandra Kollontai. Das Leben einer ungewöhnlichen Frau, Berlin 1984
2 M. Body, Alexandra Kollontai, in: *Preuves,* Heft XIV, S. 12 ff
3 Kollontai, Autobiographie einer sexuell emanzipierten Kommunistin, a. a. O., S. 101
4 Daniels, Das Gewissen der Revolution, a. a. O., S. 447
5 I. Deutscher, Trotzki, Bd. III., Der verstoßene Prophet. 1929-1940, Stuttgart 1972, S. 184;
vgl. Leo Trotzki 1879-1940. In den Augen von Zeitgenossen, Hamburg 1979, S. 132

**Nachwort**

1 Dieckmann, Die Frau in der Sowjetunion, a. a. O., S. 157
2 Ebenda, S. 156
3 E. Vesper, Fremde Schwestern. Meine Reise zu den Frauen in der Sowjetunion, Dortmund 1984, S. 49 ff
4 Vgl. etwa G. Erler, Frauenzimmer, Berlin 1985
5 M. Mitscherlich, Die friedfertige Frau, Frankfurt/M 1985
6 L. Bryant, Eine Amerikanerin in Russland. Reportagen aus dem Roten Oktober, Köln 1982, S. 61

# Auswahlbibliographie

## Schriften A. Kollontais (Auswahl)


Po rabočej Evrope (Bei den europäischen Arbeitern), Petersburg 1912

Komu nužna vojna? (Wem nützt der Krieg?), Bern 1916 (dt.: Moskau 1918)

Obščestvo i materinstvo (Gesellschaft und Mutterschaft), Petrograd 1916

Novaja moral' i rabočij klass (Die neue Moral und die Arbeiterklasse), Moskau 1918 (dt.: Berlin 1920; Münster 1977)

Rabočaja oppozicija (Die Arbeiteropposition), Moskau 1921 (dt.: in: Die russische Arbeiteropposition. Die Gewerkschaften in der Revolution. Hg. und eingeleitet von G. Mergner, Reinbek 1972, S. 131-177, sowie in: Arbeiterdemokratie oder Parteidiktatur. Hg. von F. Kool und E. Oberländer, Bd. 1, München 1972, S. 182-240)

Rabotnica i krest'janka v Sovetskoj Rossii (Die Arbeiterin und Bäuerin in Sowjetrußland), Petrograd 1921 (dt.: Leipzig 1921)

Pis'ma k trudjaščejsja molodeži (Briefe an die arbeitende Jugend), in: Molodaja gvardija, 1922, 1-2; 1922, 6-7; 1923, 2; 1923, 3 (dt.: in: A. Kollontai, Der weite Weg. Erzählungen, Aufsätze, Kommentare, Frankfurt/M 1979, S. 67-126)

Položenie ženščiny v evoljucii chozjajstva (Die Situation der Frau in der wirtschaftlichen Entwicklung), Moskau 1923 (dt.: Die Situation der Frau in der gesellschaftlichen Entwicklung, Frankfurt/M 1975)

Ljubov' pčel trudovych (Die Liebe der Arbeitsbienen), Petrograd 1923 (dt.: Wege der Liebe. Drei Erzählungen, Berlin 1925, und: Wassilissa Malygina, Frankfurt/M 1973)

A. Domontovič (Kollontais Mädchenname), Ženščina na perelome. Psichologičeskie etjudy (Frau im Umbruch. Psychologi-

sche Etüden), Moskau/Petrograd 1923 (dt.: in: A. Kollontai, Der weite Weg, a.a.O., S. 129-220)
Ziel und Wert meines Lebens, in: Führende Frauen Europas, 1. Folge. Hg. von E. Kern, München 1926, und als vervollständigter Text: Autobiographie einer sexuell emanzipierten Kommunistin. Hg. und mit einem Nachwort von I. Fetscher, München 1970
Iz moej žizni i raboty. Vospominanija i dnevniki (Aus meinem Leben und Arbeiten. Erinnerungen und Tagebücher), zusammengestellt von I. M. Dažina u.a. sowie eingeleitet von I. M. Dažina, Moskau 1974 (dt. gekürzt: Ich habe viele Leben gelebt ... Autobiographische Aufzeichnungen, Köln 1981)

**Bibliographien**

Henryk Lenczyc, Alexandra Kollontai, Essai bibliographique, in: *Cahiers du monde russe et soviétique*, 14 (1973), 1-2, S. 205-241 (leider oft fehlerhaft)
Alexandra Kollontai, Selected Writings. Hg., übersetzt und eingeleitet von A. Holt, Westport/Conn. 1977

**Biographien**

I. de Palencia, Alexandra Kollontay. Ambassadress from Russia, New York/London/Toronto 1947
M. Henderson Perzoff, Lady in Red. A Study of the Early Career of Alexandra Mikhailovna Kollontai, Virginia 1968
B. Evans Clements, Bolshevik Feminist. The Life of Alexandra Kollontai, Bloomington 1979
S. Schejnis, Alexandra Kollontai. Das Leben einer ungewöhnlichen Frau, Berlin (DDR)1984

## Sekundärliteratur zum Thema Frauenbewegung (Auswahl)

K. T. Dieckmann, Die Frau in der Sowjetunion, Frankfurt/M/New York 1978

R. J. Evans, Sozialdemokratie und Frauenemanzipation im deutschen Kaiserreich, Berlin/Bonn 1979

F. Halle, Die Frau in Sowjetrußland, Berlin/Wien/Leipzig 1932 (Nachdruck Berlin 1973)

A. Mahaim/A. Holt/J. Heinen, Frauen und Arbeiterbewegung. Deutschland vor 1914. Russische Revolution. Spanischer Bürgerkrieg, Frankfurt/M 1984

M. Merfeld, Die Emanzipation der Frau in der sozialistischen Theorie und Praxis, Reinbek 1972

## Sekundärliteratur zur Geschichte Rußlands (Auswahl)

E. J. Gumbel, Vom Rußland der Gegenwart, Heidelberg 1982

R. Lorenz, Sozialgeschichte der Sowjetunion 1. 1917-1945, Frankfurt/M 1976

H. Weber, Lenin. In Selbstzeugnissen und Bilddokumenten, Reinbek 1983

Rußland, Fischer Weltgeschichte Bd. 31. Hg. und verfaßt von C. Goehrke, M. Hellmann, R. Lorenz, P. Scheibert, Frankfurt/M 1972

# Zeittafel

1872 Am 19. März wird Alexandra Michailowna in St. Petersburg als einziges Kind des Generals Michail Alexejewitsch Domontowitsch (aus ukrainischer Adelsfamilie stammend) und seiner Ehefrau Alexandra Alexandrowna (Tochter finnischer Holzhändler) zu deren drei Kindern aus erster Ehe geboren

1888 Reifeprüfung nach ausschließlichem Privatunterricht, danach: Weiterbildung durch Besuch von Kursen an einer Hochschule für Frauen in St. Petersburg

1893 Eheschließung mit dem mittellosen Ingenieur und Cousin Wladimir L. Kollontai – gegen den Willen der Eltern

1894 Geburt des Sohnes Michail, genannt Mischa

1898 Studium der Ökonomie in Zürich bei Prof. Herkner

1899 Englandaufenthalt und Rückkehr nach St. Petersburg, Trennung vom Ehemann, Arbeit für die illegale russische sozialdemokratische Partei, Beschäftigung mit der finnischen Arbeiterfrage

1905 Erste Revolution in Rußland, Betätigung als Agitatorin und Journalistin, zunehmende Beschäftigung mit der Arbeiterinnenfrage

1906 Teilnahme an der 4. Konferenz sozialdemokratischer Frauen und dem Parteitag der SPD in Mannheim

1907 Teilnahme an der Internationalen Sozialistischen Frauenkonferenz und am VII. Kongreß der II. Internationale in Stuttgart; Gründung eines Arbeiterinnenclubs in St. Petersburg

1908 Flucht nach Deutschland wegen drohender Verhaftung durch die zaristische Geheimpolizei

1909 bis 1914 Tätigkeit als sozialdemokratische Agitatorin und Jounalistin in Deutschland und anderen westeuropäischen Ländern

1914 September: Weggang von Berlin
1915 Niederlassung in der Nähe von Kristiana (Oslo); Beginn des Briefwechsels mit Lenin; Oktober: Ankunft in New York zu mehrmonatiger Agitationsreise durch die USA
1916 Rückkehr nach Norwegen, im August erneute USA-Reise; *Gesellschaft und Mutterschaft*
1917 Ende Januar Rückkehr nach Norwegen, im März Heimkehr nach Rußland, Deputierte des Petrograder Sowjets der Arbeiter- und Soldatendeputierten, Agitatorin und Journalistin für die Bolschewiki, Inhaftierung durch das Kerenski-Regime (Juli-September), Oktoberrevolution, Volkskommissarin für soziale Fürsorge
1918 Eheschließung mit Pavel Dybenko, Volkskommissar für die Flotte; März: Rücktritt vom Volkskommissariat; Agitations- und Propagandatätigkeit im Wolgagebiet; Teilnahme am I. Gesamtrussischen Kongreß der Arbeiterinnen und Bäuerinnen;
*Die neue Moral und die Arbeiterklasse*
1919 Volkskommissarin für Agitation und Propaganda in der Ukraine; Teilnahme am Gründungskongreß der III. Internationale; September: Übernahme der Leitung der Frauenabteilung
1921 Vorlesungsreihe vor Arbeiterinnen und Bäuerinnen an der Swerdlow-Universität; Sprecherin der Arbeiteropposition auf dem X. Parteitag der KPR und auf dem III. Kongreß der Komintern; längerer Aufenthalt bei Dybenko in Odessa; *Die Arbeiteropposition*
1922 Wechsel in den diplomatischen Dienst: ab Herbst Legationsrätin der sowjetischen Handelsmission in Norwegen
1923 Leiterin der Vertretung der UdSSR in Norwegen
*Wege der Liebe; Frau im Umbruch*
1924 Ernennung zur Gesandtin der UdSSR in Norwegen
1926 ab September: Gesandtin der UdSSR in Mexiko;
*Ziel und Wert meines Lebens*
1927 Juni: Rückkehr nach Moskau, ab Oktober erneut Gesandtin in Norwegen
1930 Ernennung zur Gesandtin der UdSSR in Schweden
1935 bis 1937 Mitglied der sowjetischen Völkerbundkommission mit Teilnahme an der alljährlichen Vollversammlung

1943 Die Gesandtschaft der UdSSR in Schweden wird Botschaft und A. Kollontai Botschafterin

1945 Pensionierung und Rückkehr nach Moskau, Beraterin des Ministeriums für Auswärtige Angelegenheiten der UdSSR, Überarbeiten ihrer lebenslangen Tagebuchaufzeichnungen

1952 9. März Tod durch Herzinfarkt

**Gabriele Raether,** geb. 1947 in Magdeburg. Studium der Germanistik und Biologie, heute Studienrätin. Interessenschwerpunkt: feministische Theorie und Praxis, Geschichte der Frauenbewegung.

# Bilder aus dem Leben Alexandra Kollontais

Die Bilder auf den Seiten 135 und 139 stellte der Verlag Neue Kritik, Frankfurt/Main, zur Verfügung, alle anderen Bilder das Internationale Institut für Sozialgeschichte (IISG), Amsterdam. Wir danken für die freundliche Unterstützung.

BETTAUERS Wochenschrift
Die Namen der Kohlegewinner Seite 25
PROBLEME DES LEBENS
№ 3
40 Groschen
Alexandra Kollontay
DIE GESANDTIN SOWJETRUSSLANDS IN NORWEGEN, DEREN NOVELLE: „DIE LIEBE DER DREI GENERATIONEN" WIR HEUTE PUBLIZIEREN.